日蓮「立正安国論」

全訳注

佐藤弘夫

講談社学術文庫

目次

凡例

一、『立正安国論』の原文は、『日蓮聖人真蹟集成』第二巻（法藏館）所収の中山聖教殿蔵真筆本を底本とした。その活字化と読み下し文の作成にあたっては、『昭和定本日蓮聖人遺文』、日本古典文学大系『親鸞集・日蓮集』、『平成新修日蓮聖人遺文集』、及び『立正安国論』（日蓮宗北海道西部教化センター）所収のテクストを参照し、適宜校訂を加えた。

二、「原文」を含め、漢字はすべて通用の字体に改めてある。

三、一問一答を一段とし、『立正安国論』全体を十段に分ける定説的な区分をふまえ、段ごとに、読み下し文、現代語訳の後に語釈と解説を加えた。

四、参照すべき研究は本文中に［］で研究者名と発表年次だけを示し、詳しいデータは「引用・参考文献一覧」にまとめた。

五、引用書目は、次のような略号で示した。

大正新修大蔵経→正蔵
卍続蔵経→卍蔵
大日本仏教全書→仏全
昭和定本日蓮聖人遺文→定遺
平成新修日蓮聖人遺文集→平遺
定本注法華経→定注

日蓮宗宗学全書→宗全
昭和新修法然上人全集→法全
浄土宗全書→浄全
鎌倉遺文→鎌遺
新釈漢文大系→漢大

日蓮「立正安国論」全訳注

『立正安国論』解説

1　近現代に生きる『立正安国論』

近代における日蓮受容の多様性

鎌倉時代の僧である日蓮《にちれん》は、親鸞《しんらん》と並んで、いま日本でもっともよく知られている仏教者の一人ではなかろうか。単に歴史上の人物というだけでなく、近代の日本においてその思想が大きな社会的影響力をもったという点でも、両者には共通点がある。

ただし、その影響の現れ方は対照的だった。親鸞の思想は、急速な近代化のもたらすさまざまな矛盾のなかで自我のあり方を模索する知識人に受け入れられ、その思索の思想的素材を提供した。日蓮の思想の場合、個人レベルでの受容という側面がまったくなかったわけではないが、その近代的受容の特色は、むしろ具体的な社会変革を目指す政治的・集団的行動の精神的バックボーンとなった点にあった。

なかでも著名なものは、田中智学《たなかちがく》や本多日生《ほんだにっしょう》によって唱えられた「日蓮主義」の運動であろう［大谷二〇〇一］。政教一致を旗印に掲げて神聖国家を樹立し、天皇のもとに世界を統一しようとするその主義主張は、戦前の日本において大きなパワーを有した。日蓮主義は石原莞爾《いしはらかんじ》、宮沢賢治、高山樗牛《たかやまちょぎゅう》など多彩な分野の人々にも受け入れられていった。

日蓮系諸団体が政治的行動を起こすにあたって、その聖典となったのが『立正安国論《りっしょうあんこくろん》』（以下、略称する場合には『安国論』と記す）である。それは国柱会《こくちゅうかい》などの戦前の団体だけでなく、戦後に創価学会が公明党を創設して政界に乗り出す際にも、それを正当化する論理を提供した。近現代の日本において、『安国論』は常に日蓮信奉者による政治運動の思想的な基盤だった。

その際見逃してならないのは、日蓮の思想が国家主義的な活動に援用される一方、日本山妙法寺の反公害闘争や日蓮系新宗教の反戦運動など、反権力的色彩の強い運動にも深い関わりをもったことである。近代の日本において、日蓮の思想と立正安国の論理は、一見正反対とも思われる方向を志向する諸活動に、等しくその正当化の根拠を与え続けてきたのである。

それにしても、はるか遠く鎌倉時代に著された『立正安国論』が、なぜ近現代の日本において多大な影響力を発揮することになったのであろうか。その思想がこれほどまでに多義的な解釈を許すことになった原因は、いったいどこにあるのだろうか。それが社会変革の運動と結びつく理由はなんだったのであろうか。

変転する『立正安国論』の評価

いま私は近代日本における『立正安国論』受容の多様性を指摘した。『立正安国論』の解釈とその評価をめぐるきわだった分裂は、政治的・社会的運動の面だけでなく、この書を専門の立場から分析する研究者のあいだにも見出すことができる。『安国論』が成立して以来受けてきた評価の変遷を振り返りながら、その問題を考えてみることにしたい。

『立正安国論』が執筆されたのは、一二六〇年(文応元)、日蓮三九歳のときのことである。すでにその前年には『立正安国論』を超える大部の書である『守護国家論』が著されているが、一般的には『立正安国論』が初期の最重要著作とみなされている。

『立正安国論』は日蓮宗内では早くから、『開目抄《かいもくしょう》』『観心本尊抄《かんじんほんぞんしょう》』とともに「三大部《さんだいぶ》」(三つの最重要書)の一つに数えられてきた。あるいはそれに『撰時抄《せんじしょう》』『報恩抄《じょう》』を加えた「五大部《ごだいぶ》」の一つとされた。

ただし、江戸時代に体系化される宗学《しゅうがく》（日蓮宗内の学問）では、『立正安国論』は同じ三大部のなかでも『開目抄』『観心本尊抄』より格下の著作と位置づけられてきた。日蓮の本格的な執筆活動の開始は一二七一年（文永八・五〇歳）の佐渡配流《はいる》以後であり、独自の信仰体系の完成も佐渡流罪後（佐後）と考えられていることから、流罪前（佐前）の著作である『立正安国論』は、教理的には未完成の域に留まるものとみなされたのである。加えて、近世日蓮宗学の大成者とされる日輝《にっき》（一八〇〇〜五九）がこの書を著しく軽視するに及んで、『立正安国論』は宗学の体系からほとんど排除されるに至る。

他方、江戸時代には日蓮宗諸寺院で祖師信仰が盛んとなり、祖師堂に安置された日蓮像＝「お祖師様」に対する庶民の参詣と祈願が日常化していく。また、日蓮が蒙古襲来を予言し蒙古調伏《ちょうぶく》を祈ったというエピソードも、寺での説法や歌舞伎などの大衆芸能を通じて人口に膾炙《かいしゃ》した。こうして近世を通じて日蓮信仰の庶民化が進行するとともに、侵略者に立ち向かう愛国者としての日蓮像が再生産され、人々の間に定着していくことになったのである。

維新の変革を経て明治も二〇年代に入るころから、それまでの西欧文明一辺倒の時代風潮に代って、ナショナリズムが高揚し国粋主義が力を増し始める。日清（一八九四〜九五）、日露（一九〇四〜〇五）の両戦争とその勝利は、そうした趨勢《すうせい》を後押しする結果となった。日本国中が愛国の声に沸き立つ時勢のなかで、日蓮の信奉者たちがこぞって宣揚していったのが、江戸時代に普及する素朴な愛国者としての日蓮像であり、それを増幅した「憂国の予言者」のイメージだった。

それは必然的に、予言の書とみなされていた『立正安国論』の浮上をもたらす結果となった。田中智学が立正安国会を結成するとともに、『立正安国論』を軽んずる日輝の学問を批判してこの書を日蓮主義の中核に据えようとしたのも、こうした時代思潮を背景とした出来事だった。国家主義と日蓮思想の癒着は、昭和期に入るとますますエスカレートしていくのである。

「先ず国家を祈って」

愛国者としての日蓮像がクローズアップされるなかで、日蓮信奉者が立正安国思想をアピールしようとするとき、しばしば引かれた言葉がある。『立正安国論』中の、「先《ま》ず国家を祈って須《すべか》らく仏法を立つべし」（第七段）という一文である［小林一九四二］。

一見国家の優位を主張するように読めるこの言葉は、日蓮を国家主義者に仕立て上げようとする場合にきわめて好都合なものだった。日露戦争の真っ只中の一九〇四年（明治三七）、福岡市東公園に建てられた巨大な日蓮の銅像は、左手に『安国論』の巻子本《かんすぼん》をにぎりしめている。この像こそは、その建立者たちが宣揚しようとした、蒙古を調伏して国難を救った愛国者日蓮のイメージを端的に示すものだった。

しかし、一九四五年（昭和二〇）八月の日本の敗戦を境に状況は一変した。日本を悲惨な戦争に導いた国家主義が厳しく指弾され、平和国家の樹立と民主主義の定着を目指した歩みが開始された。こうした風向きの変化によって、かつて注目され称揚された日蓮の宗教のもつナショナルな要素は、今度は逆にその思想を評価する上で大きな足枷《あしかせ》となった。

戦後の日本思想史の代表的研究者である家永三郎《いえながさぶろう》は、戦前に国家主義者によって注目され評価されてきた日蓮仏法の国家仏教的性格を、平安時代の護国仏教の影響を脱しきれない「旧仏教的要素」であると断じた。その上で、国家との関係を完全に清算し、純粋な個人救済の信仰を確立した親鸞などと較べて、それを「新仏教」としての日蓮思想の限界を示すものであるとした［家永一九四七］。鎌倉仏教全体を見通す広い視野からなされたこの家永の提言は、日蓮研究界に大きな衝撃を与えた。家永以降の研究は、日蓮仏教が帯びる国家仏教的性格は否定できない事実であるとしても、他の側面において「新仏教」としての日蓮の特色を見出すことはできないであろうか、という問題に関心が集中することになったのである。

この課題に応《こた》えるべく戸頃重基《とごろしげもと》らによって提唱されたものが、〈王法為本〉〈仏法為本〉という対《つい》概念である。日蓮以前の護国仏教では、仏教は国家（王法）に従属して権力の繁栄に奉仕する役割を担わされていた。これが〈王法為本〉の立場である。それに対し日蓮は同じく国家の安穏に関心をもったけれども、正しい仏教の確立を「安国」の不可欠の前提とする点において、国家と仏教の関係が逆転している。仏教に至上の価値を認めてそれを国家の上に置く日蓮のような立場を、〈仏法為本〉とよぶのである［戸頃一九六五］。国家と仏教という視点からみたとき、従来の護国仏教の〈王法為本〉に対し、日蓮を含むいわゆる鎌倉新仏教の特色を〈仏法為本〉に見出すことは、その後の研究に継承されて定説化するに至る。

こうした研究の流れをうけて、戦前に脚光を浴びた「先ず国家を祈って」という有名な言葉も、戦後にはその解釈が一転する。それが、「主人」と「客」との対話形式をとる『立正安国論』において、「主人」＝日蓮に折伏《しゃくぶく》される「客」の発言に擬せられていることから、日蓮自身の思想表明ではないとする見方が主流となるのである。

日本古典文学大系所収の『立正安国論』の頭注（兜木正亨《かぶとぎしょうこう》担当）は、当該箇所について、「国と法の先後・軽重について客はまず国家の安泰を祈ってのちに仏法を論ぜよという、国法主従の主張。これに対して、主人の説は国家の安泰は正法《しょうぼう》を立てることを要件とする」と解説している。「主人」＝日蓮が安国の前提として正法の樹立を優先させる「立正安国」＝〈仏法為本〉を主張したのに対し、「客」は国家の安泰を正法への帰依より重視する「安国立正」＝〈王法為本〉を説いたとされ、この一文は客の〈王法為本〉〈国主法従〉の立場を端的に示すものとされることになったのである［田村一九六五、川添一九七一、小松一九七四、高木一九七〇、佐々木一九七九］。

2　日蓮の生涯と『立正安国論』の位置

反法然への道のり

日蓮と『立正安国論』の評価は、二転三転した結果、ようやくある一つのイメージに落ち着いたかのようにみえる。だが私は、現在の通説・定説はいくつもの重大な欠陥を孕《はら》んでおり、抜本的に見直される必要があると考えている。

その作業に取り掛かる前に、私たちはひとたび日蓮の生きた鎌倉時代に立ち戻り、生い立ちから『立正安国論』執筆に至る日蓮の足跡を辿《たど》ることにしたい。その考察を通じて、どのような歴史的・文化的・宗教的コンテクストのなかから『立正安国論』が誕生したのかを確認しておくことにしよう。

日蓮は一二二二年（承久四）、安房国長狭郡東条郷片海《あわのくにながさぐんとうじょうごうかたうみ》（現・千葉県鴨川市）に有力な漁民の子として生まれた。この年は承久の乱の翌年にあたる。北条義時率いる幕府軍が朝廷側の軍勢を一蹴し、後鳥羽院を隠岐《おき》に追放したこの事件に、日蓮はのちに強い関心を寄せることになる。

一二歳にして近在の清澄寺《せいちょうじ》に入った日蓮は、一六歳で出家して正式な仏教者としての歩みを開始した。清澄寺は慈覚《じかく》開基伝説をもつ天台宗山門派《さんもんは》（比叡山延暦寺系）の寺院だった。日蓮の学問と修行の出発点には天台僧としての修養があったのであり、それは日蓮の思想形成に重要な影響を及ぼすことになる。

出家後、日蓮は二度にわたって留学の旅に出た。一度目は鎌倉、二度目は比叡山延暦寺を中心とする京畿地区である。おりしも、仏教界では二つの勢力が激しいつばぜりあいを演じつつあった。一方は、法然《ほうねん》によって確立された専修《せんじゅ》念仏を信奉する人々である。人間の能力が低下し悪人が充満する末法《まっぽう》の世には、善行を重ねて現世《げんぜ》で悟りをえようとする「自力」の行《ぎょう》で救いをえることは難しい。こうした時代には、末法の救済主である阿弥陀仏《あみだぶつ》の慈悲を頼み、その本願の力による来世の往生に望みをかける「他力《たりき》」の信仰こそがふさわしい。――こうした主張を掲げる専修念仏が、一三世紀に入ったころから急速に人々のあいだに浸透していくのである。

それに対しもう一方の勢力は、平安時代以来の伝統をもつ比叡山延暦寺や奈良の興福寺を中心とする伝統仏教界（旧仏教・顕密《けんみつ》仏教）である。「南都北嶺《なんとほくれい》」とよばれるこれらの大寺院（権門寺院）は、国家権力と深く結びついて圧倒的な社会的勢力・思想的影響力を保持し、仏教界においても盟主としての揺るぎない地位を占めていた。しかし、専修念仏の急速な発展はこれらの伝統勢力に強い危機感を抱かせた。権門寺院は手を携えて念仏排撃に立ち上がった。

旧仏教が念仏を攻撃する際には、しばしば朝廷に対してその禁止の要求を突きつけるという形態が取られた。一二〇五年（元久二年）、興福寺を中心とする伝統仏教八宗は九ヵ条からなる念仏批判の上奏文（「興福寺奏状」）を朝廷に提出し、国家権力を発動しての専修念仏禁断を求めた。一二一七年（建保五）と一二二三年（貞応二）には、延暦寺が単独で念仏禁止を要求する上奏を行っている。

日蓮が比叡山に留学した一二四〇年代は、専修念仏に加えられた伝統仏教側の激しい砲火の余燼《よじん》がまださめやらぬ時だった。比叡山こそは念仏攻撃の急先鋒だった。しかも日蓮が師事したとされる俊範《しゅんぱん》は、念仏批判グループの中心人物だったのである［平一九九二］。

日蓮が俊範に実際に師事したかどうかは不明であるが、日蓮が比叡山で反法然の論理を本格的に学んだことは疑問の余地がない。『立正安国論』執筆の前年、一二五九年（正元元）ごろの成立と推定される日蓮の『念仏者追放宣状事』には、「興福寺奏状」をはじめ、念仏非難を内容とするいくつかの奏状が収録されている。またそれに応えて朝廷や幕府が念仏禁止を命じた、数多くの宣旨《せんじ》・御教書《みぎょうしょ》の要旨が記されている。この著作は真筆を欠いているが、そこに収められたものと同じ資料に依拠したと思われる記述は、『念仏無間地獄抄』など日蓮の他の著作にもみることができる。

他方、日蓮の高弟の一人日向《にこう》には『金綱集』という著作がある。これは諸宗の教学の概要とそれに対する批判を書き記したものだが、ここにも日蓮の『念仏者追放宣状事』『念仏無間地獄抄』と共通して引用される文献がみえる［中條一九九六］。日蓮教団には、日蓮や弟子が共通して参照できる専修念仏に関するデータベースが存在していた。そこに集められたデータのかなりの部分は、日蓮が留学時代に比叡山で入手したものだったと推測されるのである。

再び鎌倉に

比叡山において強烈な反法然主義を身に付けた日蓮は、いったん故郷の清澄寺に帰り、一二五三年（建長五）四月には寺僧に向けて、留学時代に到達した確信を吐露する講義を行った。のちに「立教開宗」とよばれる事件である。立教開宗は念仏を容認する寺内主流派の猛反発を招くことになるが、日蓮はそれをしのぎつつ、現在の千葉県市川市にあった下総の守護所などと往反《おうばん》を繰り返しながら房総一帯に教線を拡大した。それが一段落した一二五六年（建長八）ごろ、鎌倉に出て本格的な布教活動を開始するのである。

おりしも東日本では、一二五七年（正嘉《しょうか》元）八月二三日の大地震を嚆矢《こうし》として異常気象・疫病などの天変地災が相次いだ。それは正嘉の飢饉《ききん》とよばれる大災害を引き起こした。鎌倉の日蓮は、この惨状をまのあたりにして強い危機意識をいだき、仏典を繙《ひもと》きながらその原因について思索を巡らした。その結果、災害が頻発する根本原因は、正法が廃《すた》れ悪法が流布《るふ》している仏教界の混迷にあるという結論に達した。正統な天台僧としての強い自負心をいだいていた日蓮にとって、正法を圧迫して社会に災禍をもたらす邪法とはとりもなおさず法然の専修念仏にほかならなかった。このような認識に基づき、社会の安穏《あんのん》実現に向けての具体的な改善策を鎌倉幕府に提案した「勘《かん》文《もん》」(意見書)が、『立正安国論』だったのである。

なお、『立正安国論』執筆に先立って、日蓮はそれと内容的に深く関わる一連の著作を著している。『守護国家論』(一二五九・正元元)、『災難興起由来』(一二六〇・文応元)、『災難対治抄』(同)などがそれである。『災難興起由来』と『災難対治抄』は『安国論』と同様の「勘文」の形式をとっており、実際に幕府関係者の手に渡った可能性がある。

日蓮の献策に対し、幕府側はなんの反応も示さなかった。しかし、その念仏批判は鎌倉在住の念仏者の反発を招き、彼らによる一二六〇年(文応元)八月の日蓮庵室(松葉ケ谷《まつばがやつ》草庵)焼き討ち事件と、翌年の伊豆流罪の引き金となるのである。

時頼との対面

一二六八年(文永五)に著された『安国論御勘由来』という著作において、日蓮は『立正安国論』提出のいきさつを振り返っている。『安国論』は一二六〇年(文応元)七月一六日、宿屋入道最信《やどやにゅうどうさいしん》という人物を介して、当時の鎌倉幕府の最高実力者であった前執権北条時頼に提出された。このときの原本は失われてしまったが、一二六九年

（文永六）に日蓮がみずから書写して門下の矢木胤家《やぎたねいえ》に与えた自筆本（国宝、全三六紙中一紙を欠く）が、中山法華経寺《ほけきようじ》に残されている。

『立正安国論』の真筆本としては、他に一八七五年（明治八）に火災で焼失するまで身延山久遠寺《みのぶさんくおんじ》に伝えられていたものがあった。また京都妙覚寺《みようかくじ》をはじめとする諸寺に、一行から五行ほどの真筆の断簡十数片が残されている。

以上の諸本とは別に、『立正安国論』には晩年の書写と推定される真筆本があって、京都の本圀寺《ほんこくじ》に所蔵されている。これは前述のテクスト群（略本）とは内容を異にするため、「広本」とよばれている。

能登の妙成寺《みようしようじ》には、このときの『安国論』提出に関連するとおぼしき内容を記した、「故最明寺入道見参御書」という五行ほどの真筆の断簡が残されている。

挙寺々。
日本国中ために旧寺の御帰依を捨てしむ。
天魔の所為たるの由、故最明寺入道見参の時、これを申す。
又立正安国論これを挙ぐ。
惣じて日本国中の禅宗・念仏宗

この記述によれば、日蓮は単に意見書を提出しただけではなく、実際に時頼と面談して自分の意見を開陳した。その際、念仏だけでなく、禅をもあわせて批判したというのである。

『立正安国論』には禅批判がみあたらないが、新興の禅宗は鎌倉時代のはじめに念仏と並んで伝統仏教界から激しい批判を浴びた。その「不立文字《ふりゆうもんじ》」「教外別伝《きようげべつでん》」の教説が、禅以外の教法を否定するものと受け取られた結果であった。比叡山で学んだ日蓮も、当然早い時期から禅宗に対しては批判的であり、彼が時頼の面前で実際に禅批判を行った可能性は十分考えられる。

日蓮を取り次いだ宿屋入道は時頼の側近であり、幕閣の有力メンバーである。日蓮は鎌倉に出た時点で、すでに北条一族の名越氏をはじめ武家社会にある程度の人脈を有していたと推定される。日蓮の鎌倉進出を、名越氏の招聘《しようへい》によるものとする説も存在する［高木一九八四］。日蓮はそうしたルートを通じて、大仏朝直《おさらぎともなお》など幕府の上層部とも早くからつながりをもつに至っていた。時頼との対面と『立正安国論』の提出は、日蓮がそれまで鎌倉武家社会に築き上げた人脈を総動員した上での、満を持した行動だったのである。

なぜ時頼に提出したか

それにしても、なぜ日蓮は『立正安国論』を時頼に提出したのであろうか。

念仏禁止を求めての意見書提出という日蓮の行為は、南都北嶺の権門寺院の先例に倣《なら》ったものだった。日蓮も『立正安国論』でそのことに言及している（第六段）。ただし、伝統仏教の場合、念仏禁止の要求書の提出先はもっぱら京都の朝廷であった。日蓮の時代にも京都には公家政権が厳然として存在した。にもかかわらず、日蓮があえて鎌倉幕府の方を選んだのはなぜであろうか。

この問題を考えるときに、あらかじめ触れておかなければならない議論がある。それは日蓮が、同時代の権力の頂点にある国王を天皇ではなく北条得宗《ほうじょうとくそう》（北条氏の家督）とみていた、という今日の有力な学説についてである［玉懸一九七一、高木一九八二］。現在の研究者の間には、承久の乱を契機として国王の地位が天皇家から北条氏へと移ったと日蓮が認識していた、という共通の理解がある。この説に従えば、日蓮が『立正安国論』提出の対象として選んだ北条時頼と鎌倉幕府は、朝廷の公権を継承した同時代における唯一の正統な国王と国家ということになる。しかし、私はそうした解釈には賛成できない。なぜなら日蓮が同時代の国王と認識していたのはあくまで天皇だった、と私はみているからである。

それでは承久の乱によっていったい何が変化したのか。国家の最高位である国王の位にあったのは相変わらず天皇だったが、その下で実際に支配権力を握る地位（治天）が天皇の父である院から北条得宗へと移行した、と日蓮は考えていたのである。日蓮は国家支配の頂点にある「国王」と、その下で政治の実権を握る「国主」をかなり厳密に区別している。「国王」は依然として天皇だったが、それを転機として「国主」が後鳥羽院から北条義時に交代したというのが、日蓮のみた承久の乱だった［佐藤一九九八b］。

日蓮が『立正安国論』を北条時頼に提出したのも、承久の乱以降、日本の実質的な国家権力の掌握者＝「国主」は北条得宗であるという彼の認識に基づくものだった。日蓮が承久の乱を「国王」レベルでの権力移行の事件＝革命とみなすようになるのは、晩年になってからのことだったのである。

3　通説の再検討

基本的な構図の読み誤り

私は冒頭で『立正安国論』をめぐる研究史の概略を紹介するとともに、今日常識となっている日蓮理解にもなおさまざまな疑問点が残されていると述べた。これまでの検討を踏まえて、通説の孕む具体的な問題に切り込むことにしよう。

私のみるところでは、『立正安国論』をめぐる大きな問題として、まず「主人」と「客」それぞれの主張をどう捉えるかという点について根本的な誤解があるように思われる。別のいい方をすれば、現在の通説的な解釈は『安国論』の基本的な構図を正確に把握できていないのである。

まず、「客」の方からみていこう。「主人」が日蓮の主張の代弁者であるのに対し、「客」が時頼になぞらえられているという点では、大方の意見は一致している。だが客がどのような思想的立場に立脚しているかという問題にまで踏み込むと、通説には決定的な解釈の誤りがみられる。

第一に、客は、しばしば主人の〈仏法為本〉に対して〈王法為本〉の立場をとる人物とされるが、これは明白な誤読である。客は頻発する災害を前にして、『法華経』読誦《どくじゅ》を含む、考えうる限りの仏教的な対策を尽くしている（第一段）。日蓮は、あらゆる手段を講じながらも一向に改善の兆しを見せない当時の状況に、困惑し苦慮する為政者に擬して客を描こうとしたのであり、客もまた安国実現に果たす仏法の重要性は十分に認識していた。

それゆえ、主人と客との対立を「仏法」と「王法」どちらを優先させるかといったレベルで捉えることは適切ではない。仏法なくして安国もないという点では両者の認識は完全に一致しており、それは議論の共通の前提だった。鎌倉新仏教の特色を説明するために考案された〈仏法為本〉〈王法為本〉の図式を、安易に『立正安国論』解釈に適用することは許されないのである。

第二に、客は法然流の専修念仏の受容者とみなされているが、これもまた誤解である。「安国論」の末尾で、日蓮は改心した客に次のようにいわせている。

私がこれまで阿弥陀一仏を信じて諸仏を棄て去り、浄土三部経を仰いで他の経典をないがしろにしてきたのは、自分自身の誤った判断というよりは、法然聖人の言葉にしたがったものである。（第十段）

ここでは、客はそれまで法然の信奉者であったように描かれているが、その信仰の内実は法然の説くそれと似て非なるものであった。客は第三段・第四段では、当時が嘉《よみ》すべき仏教全盛の時であるという現状認識を披露している。その上で、「邪説」が蔓延《まんえん》して伝統仏教が衰亡の危機に瀕しているとみる日蓮に疑問を投げかけている。客はここでは、みずからが信仰する念仏の教えのみならず、伝統仏教全体の繁栄を理想とする立場に立っている。また客が、災害を止めるためにあらゆる修法《しゅほう》を尽くした「国主」になぞらえられている点も想起すべきであろう。

こうした客の理念は、法然本来の思想的立場とまったく相容《あいい》れないものである。なぜなら、法然は念仏だけを末法の衆生《しゅじょう》にふさわしい唯一の往生の道と規定する一方、他の一切の伝統仏教を、「時機不相応」（末法の衆生にふさわしくない）であり、仏の本願ではないという理由で退ける立場をとっていたからである。客の念仏受容は、他の教行を拒否して念仏を専修するという法然的な〈選択《せんちゃく》主義〉に基づくものではなかった。むしろ念仏も諸行もその価値を等しく肯定した上で、自分に一番ふさわしい教えとして念仏を実践するという、伝統仏教側の〈融和主義〉を土台としたものだったのである。

『立正安国論』が書かれた一二六〇年は、すでに法然没後半世紀近い歳月が経過していた。京畿留学からもかなりの時間がたっていた。すでに念仏弾圧は過去のものとなり、法然の後継者たちは法然流の〈選択主義〉を放棄し、〈融和主義〉に立脚して伝統仏教との共存を達成していた。その傾向は鎌倉ではなおいっそう顕著だった。念仏の信仰は北条長時、大仏朝直ら幕府要人にまで及んでいた。その点からいえば、客の立場は法然的というよりは、『安国論』執筆時点における鎌倉の念仏者の一般的なあり方だったのである。

主人と客との対立は、念仏か法華経か、といった単純な二者択一の問題ではない。主人も客も、ともにその立脚点は、基本的には法然の〈選択主義〉とは相容れない伝統仏教的な思惟＝〈融和主義〉の枠内にあった。後にも述べるように、主人は一切の仏法を肯定するがゆえに他の教行を衰退させる法然を排斥し、客は一切の仏法を肯定するゆえに法然の宗教をも仏法の一つとして容認した点に、両者の立場の相違があったのである。

「立正」の意味するもの

第二点として、「主人」＝日蓮の主張に関しても再考の余地がある。たとえば現在、「安国」の前提となる「立正」とは、一般に悪法たる念仏の排除と正法たる『法華経』の宣揚であると考えられている〔戸頃一九六五、高木一九七三〕。しかし、これは『立正安国論』の文脈に即した理解であろうか。

『立正安国論』第四段において、日蓮は念仏が禁止されなければならない理由として、「釈迦が一代五時にわたって説いたすぐれた経典」の価値を否定する『選択集』の影響で、人々が阿弥陀仏と浄土三部経以外の諸仏諸経に見向きもしなくなり、その結果、寺院の仏堂や僧房が荒廃するに至ったことをあげている。また第五段では、法然を、「大乗経典六百三十七部、二千八百八十三巻、ならびに一切の諸仏・菩薩・天衆」の「捨閉閣抛《しゃへいかくほう》」を説いて人々を惑わせた張本人であるとした上、「諸仏と諸経の怨敵《おんてき》、聖僧と衆生の仇敵」であると批判している。
『立正安国論』の念仏批判は、法然が念仏以外の教えの廃棄を主張するために、諸仏諸経と伝統仏教に対する人々の信仰心が廃れ、天台宗をはじめとする諸宗が衰微し、それが善神捨国と災害の頻発という事態を招いている、という一貫した論理に添ってなされている。この論理は、『災難対治抄』をはじめ初期の日蓮に共通するものだった。

以上の念仏批判の論理を素直に読めば、『立正安国論』でいう守護すべき仏法が『法華経』だけに限定されるものでないことは明白である。むしろ、より広く『法華経』を中心とする一切の大乗諸経であり、天台宗などの旧仏教諸宗と捉えるべきである。『立正安国論』における「立正」とは、まずは権門寺院衰退の元凶である専修念仏を禁止することによって、既存の伝統仏教の存立を保証することにほかならなかったのである。

専修念仏に対する排撃は日蓮以前からの長い歴史があった。権門寺院の攻撃の鉾先《ほこさき》は、念仏を末法における唯一の救いの道とする念仏者の言動が、伝統仏教の基盤を侵食しその衰退をもたらすという側面に集中していた。旧仏教の念仏排撃はあらゆる仏菩薩、すべての教法のもつ独自の価値を肯定した上で、それらをひとしなみに否定する専修念仏の排他性を指弾するものだった。『立正安国論』もまた、大乗諸経を時機不相応として退ける念仏の排他性をもっぱら攻撃の対象としていた。こうした日蓮の論理は、まぎれもなく〈融和主義〉に基づく旧仏教の念仏排撃の論理を受け継ぐものだったのである［佐藤一九七八］。

信仰の対象と正法の範疇

『法華経』が釈尊一代の教えの中でもっとも優れたものであるという見方は、開祖の智顗《ちぎ》以来天台宗の根幹をなす信念だった。『立正安国論』執筆時に、日蓮もまた『法華経』の至高性に対する強い確信をいだいていたことは、「速《すみや》かに実乗の一善（法華経）に帰せよ」（第九段）という言葉からみて疑問の余地がない。これまでみてきたような諸大乗経をまるごと肯定する立場と、法華至上の思想は、初期の日蓮においてどのように両立していたのであろうか。

一二六〇年の段階で、日蓮は確かに天台宗の伝統であった〈法華至高〉の立場に到達していた。ただし『法華経』だけを唯一の正法とする〈法華独勝〉にまで行き着いていたかといえば、それは疑問である。まして、『法華経』以外のすべての教行を無用の長物として否定する論理＝〈選択主義〉の確立は、佐渡流罪期を待たなければならなかった。『立正安国論』に先行する『守護国家論』や『災難対治抄』には、念仏に対して「法華真言」をならべて「正法」と主張する例もみられる。

日蓮自身がなにを信仰の対象とし、どのような実践を行っていたのかという点と、彼がどの範囲までを正法として容認していたのかという点は、別次元の問題として明確に区別して考える必要がある。『立正安国論』述作の段階では、この両者はまだ一致していなかった。日蓮個人の信仰が『法華経』一経に収斂《しゅうれん》されていたとしても、さらに進んで専修唱題《せんじゅしょうだい》にまで到達していたとしても、日蓮が「邪法」である念仏に対して「正法」という場合には、『法華経』のみならず他の大乗諸経までがまだそこに含まれていたのである。

この問題は『立正安国論』を理解する上でたいへん重要なポイントであるため、角度を変えてもう少し詳しく説明しておきたい。

膨大な数の仏典として残されている釈迦の教理は、医師が症状に応じて最適な薬を処方するように、相手の立場や能力に応じて説かれたものであって、その内容に高低の差はあっても間違った教えはない——私が先ほどから〈融和の論理〉とよんでいるこうした見方は、インド以来一貫して仏教の基本的な立場であり、日本でも常識化していた理念だった。

ただしそのことは、みずからの拠《よ》り所とする経典が他のそれに優越すると主張することを、なんら妨げるものではなかった。平安時代に行われた宗論では、どの宗も他宗に対する自身の優位を声高に主張している。しかし、それがけっして他宗の存在意義の全面否定にまで至り着くことはなかった。

いかにレベルの低い方便《ほうべん》の教えであっても、世の中にはそれでしか救われない人間がいることは事実であり、それなりの存在意義はあるのだ——これが当時の仏教者の共通認識だったのである。

そうした伝統的な思惟方法と較べたとき、真の往生のためには念仏以外は無意味であるとして、他の教行の価値をはっきりと否認する『選択集』の論理は著しく異質である。一つだけを価値のある教えとして称揚する一方、それ以外の一切を否定する〈選択主義〉は、法然門下の親鸞になるとさらに鮮明となる。伝統仏教界が反発し攻撃したのは、まさしく専修念仏のこの論理だった。

『立正安国論』を執筆した三九歳の日蓮が軸足を置いていたのは、この両者のうちの伝統仏教側の理念＝〈融和主義〉だった。日蓮は『法華経』の至高性に揺るぎない確信をいだきながらも、それ以外の教えについて、その存在意義そのものを否定することはなかった。

こうした認識に立つがゆえに、『立正安国論』では伝統仏教の土台を侵食し続ける念仏の禁止が焦眉《しょうび》の急とされた。念仏以外の教行は基本的にはどれも「正法」の範疇《はんちゅう》に収まるものであるため、念仏さえ葬り去ってしまえば、「仏教のさまざまな教えの浅深《せんじん》をよく見極め、棟梁《とうりょう》と仰ぐべき最高の教えを崇める」（第九段）こと、つまり『法華経』の宣揚は、次の段階の課題として時間をかけて実現すればよいと考えられたのである。

後に日蓮は『安国論御勘由来』で、八〇二年（延暦二一）に高尾山寺で行われた最澄と南都六宗の碩学《せきがく》たちとの公開討論について言及している。主催者である桓武天皇は最澄が勝利したとみるや彼に帰依して手厚い保護を加えた、というのが日蓮のみるこの法会《ほうえ》の結末だった。

『立正安国論』執筆の段階で、日蓮が思い描いていた権力と仏教とのあるべき関係は、この『安国論御勘由来』にみえる最澄と桓武天皇のそれであったと推定される。国家権力を掌握する人物（国主）は、しかるべき手続きを経て法の高低を弁別し、優れた宗派を後援する責務を負っている。日蓮は、仏教界共通の敵である専修念仏を葬り去った後、北条時頼が桓武天皇の行ったような公開の法論を主催して、天台仏教こそが「棟梁と仰ぐべき最高の教え」（第九段）であることを世に明らかにしていくことに期待を寄せていた。その結果、天台宗が盟主として再び仏教界に君臨し、その下で諸宗が平和共存するような状況が到来することを念願していた。

日蓮が想定する具体的な「立正」のプロセスは、このようなものであったと考えられるのである。

4 「安国」とは何か

権力の安泰から人民の平和へ

私はここまで、日蓮のいう「立正」が現在理解されているものとはかなり異なる内容であることを述べた。実は「安国」についても同様の問題がある。

従来、日蓮が「安国」という場合の「国」あるいは「国家」とは、中世に流行する

「仏法王法相依論」を念頭においた上で、「仏法」の対概念として用いられる「王法」(支配権力）と同等の意味で捉えられてきた［小松一九七四、佐々木一九七九］。しかし、私はこうした理解には賛成できない。

『立正安国論』には、「国は法によって繁栄し、仏法はそれを信ずる人によって輝きを増す。国が滅び人が尽きてしまったならば、いったいだれが仏を崇め、だれが法を信ずるというのか」(第七段）という一文がある。これは先に触れた、「先ず国家を祈って須《すべか》らく仏法を立つべし」という有名な言葉の直前の文である。ここでいう「国家」は、仏法が存在していく基盤としての国土と人民を中心概念とするものであって、支配者個人や国家権力を意味するものではない。

また、『立正安国論』には、主人の発言として、「国が失われ家が滅んでしまえば、いったいどこに逃げるというのか。あなたが自身の安全を確保したいと願うのであれば、まず国土全体の静謐《せいひつ》を祈ることが不可欠なのだ」(第九段）という文も見える。ここでいう「国」の意味するところもまた、権力者に限定されるものではなかった。

仏教には「国土世間」という概念がある。衆生の住む環境としての国土を指す言葉である。日蓮が安国という場合の「国」も、支配秩序の頂点に立つ権力者を第一義にするのではなく、人々とその居住する空間を意味する点において、この国土世間の概念に通ずるものがあると考えられる［池上一九七六、戸頃一九七六］。

日蓮の安国観念の独自性は、その中心的意味を、天皇などの特定の権力（狭義の国家＝王法）の安泰から、広義の国家としての国土と人民の安穏へと転換させたところにあった。日蓮が真筆本において、「国」を「囻」と表記している例がみうけられることも、その独自の安国観念と何らかの関わりがあるものと推定される［戸頃一九七〇］。一見すると「安国」「護国」といった類似の言葉を用いながらも、それが支配者、とりわけ天皇の安泰を第一義としていた伝統仏教と、その中心概念を国土の安寧と人民の平和へと転換させた日蓮の間には、きわめて大きな隔たりがあったのである。

「先ず国家を祈って」の解釈

もし日蓮のいう「安国」が、権力＝「王法」の安泰とは異なった意味で用いられていたとすれば、「先ず国家を祈って須らく仏法を立つべし」という言葉を、「仏法」に対する国家＝「王法」の優先を説くものと捉える今日の定説的解釈は、その前提が崩壊する。

結論からいうと、これは確かに客の発言ではあるが、その内容は日蓮自身の思想を端的に表明するものだ、というのが私の主張の第一点である。客はここで主人に反対する意見を述べたのではなく、この段階での両者の一致点を確認したにすぎない、と考えるのである。しかし、日蓮の立場そのものではあっても、戦前にいわれたような意味での国家中心主義や〈王法為本〉を説いたものではない、とするのが私の主張の第二点目である。

この文が日蓮自身の思想を反映するものだとすれば、いったいどのように解釈されるべきなのであろうか。この点について、従来、これは「国家」と「仏法」という対概念を立てて、後者に対する前者の優位（王法為本）を説いたものだと解釈されてきた。

だが、その前の部分で客が、「国は法によって繁栄し、仏法はそれを信ずる人によって輝きを増す」と発言していることを見落とすわけにはいかない。「国」は「法」によって繁栄するとはっきり断言しているわけだから、その直後にまた国と仏法とを対比して、仏法より国家を優先すべきだといった議論を蒸し返しているとは考えられない。先にも述べたように、正しい仏法の興隆なくして安国もないというのが、主人・客両者の議論の前提だった。

以上の考察を踏まえて、「先ず国家を祈って須らく仏法を立つべし」という文の意味を考えてみると、これは個人の往生や菩提などを祈るよりも、我々の住んでいる国土の安穏と人々の平和な生活を優先して考える必要がある、という主張として読むことができる。客はここで、国が滅亡し人が死滅してしまえば、だれも仏法を信仰する人などいなくなるのだから、国家滅亡の危急に瀕しているいまは、何を願うよりも、仏法存続の基礎となるべき国土と人民の安穏を祈らなければならない、と論じているのである。これが、社会全体が平和にならなければ個人の救済もありえないとする、日蓮の立場そのものの端的な表明であることは明白である［佐藤一九八七］。

日蓮は『守護国家論』では、「法華・真言を修行するもののいる場所を浄土と思うべきである。どうしてわざわざ他の世界を求める必要があろうか」と記している。『立正安国論』にも、「早く信仰の一念を改めて、ただちにまことの大乗の教えである『法華経』に帰依しなさい。そうすればこの三界はみな仏の国となるであろう」（第九段）という言葉がある。こうした立場から、日蓮は、彼岸の浄土への死後の往生に救済を見出す法然浄土教を厳しく批判していた。

「仏法を宣揚するにあたって真っ先に願うべきことは、仏法存続の基盤である国土と人民の安泰でなければならない」——この言葉には、この世界での救いを後回しにして個人の往生を優先する念仏者に対する、日蓮の批判が含意されていたのである。

国土変革の論理

日蓮が作り上げた独自の「国家」と「安国」の観念は、さらに進んで、その宗教にもう一つの顕著な特色を付加することになった。仮借ない権力批判とラディカルな国土変革の論理である。

日本古代において、「国家」とは第一義には天皇のことだった。「国家」が天皇を指すとすれば、「護国」とは当然天皇個人の守護を意味することになる。古代の律令体制において、天皇は国家の唯一の代表者・主体者であったがゆえに、古代仏教のいう「安国」「護国」という言葉も、必然的に「天皇を護《まも》る」という意味がその中心をなすことになったのである。それに対し、日蓮のいう「安国」が天皇や既存の政治体制の安泰という意味を超えて、すべての民衆の平和な生活というイメージを中心的意味としてもつものであることは、すでに指摘した通りである。

こうした日蓮の立場は伝統仏教と異質であると同時に、同時代の宗教者ともその内容を異にするものだった。

日蓮は法然、親鸞、道元《どうげん》などとともに、いわゆる鎌倉新仏教の祖師の一人に数えられてきた。そのうち浄土信仰の系譜に連なる法然と親鸞は、この世での救済を断念すべきであるという立場をとっていた。法然や親鸞にとって現実世界の悲惨な様相は、改善すべき対象ではなく、人々が現世的価値への執着を捨てて真実の世界（西方極楽《さいほうごくらく》浄土《じょうど》）に目を向けるための契機にほかならなかった。

それに対し、道元は日蓮と同様に現世における救いを重視する。けれどもそれはあくまで座禅による個人レベルでの悟りの成就であって、社会に働きかけて積極的に環境を作り変えていくという発想は道元にもみることはできない。

それに対し日蓮は、個々人が内面において自己満足するだけでは不十分と考えていた。国土を客観的に改造することによって、人々がその中で幸福を実感できる理想社会を実現することが必要であるという立場をとっていた。人はこの世にあるうちにこそ苦悩から解放され、生の喜びを満喫しなければならない。日蓮が執拗に「国」にこだわるのも、平和な生活はこの国土で先ず実現されなければならないという、彼の基本的な信念に基づくものだったのである。

権力批判の視座

日蓮は「安国」実現の前提である謗法《ほうぼう》の断罪とその禁止が、権力者の手によって上からなされる必要があると考えていた。日蓮はその著『守護国家論』において、『仁《にん》王経《のうきょう》』などの経典を引用しながら、釈尊が仏法の保護と伝道を国主に委託したがゆえに、悪法の禁断と正法の宣揚もまず国主の手によってなされなければならない、と述べている。日蓮にとって王法は、仏法を広めていく上でなくてはならない存在だった。日蓮の『立正安国論』提出という行動も、そうした認識にもとづくものにほかならない。

だが、それは日蓮が既存の政治権力を無条件に肯定していたことを意味するものではなかった。日蓮は権力者に仏法が委託されたことに伴って、仏法の邪正を正確に判別し、正法を興隆して安国を実現すべき義務もまた、同時に国主に課せられたことを繰り返し強調している。

日蓮は『立正安国論』において、念仏の流布によって過去に起きた災厄の具体例をあげるなかで、承久の乱での後鳥羽院の失脚が念仏の弘通《ぐずう》を容認したその失政によるものと主張している（第五段）。また『守護国家論』では、「死後悪趣《あくしゅ》に堕《お》ちる縁は一つではない、たとえば国主となって民衆の嘆きに耳を傾けないことがそれである」と説いている。

ここにみられる、「民衆の平和な生活（安国）を実現できない支配者は地獄に堕ちて当然だ」という論理は、「安国」を特定の支配体制＝王法の安泰と解釈し、民衆の安堵を二の次に考える伝統仏教者にはない発想だった。旧仏教にとって、王法とその存在は「安国」の目的だったのに対し、日蓮には王法はもはや「安国」の手段にすぎなかったのである。

国土と人民を内容とする広義の「国家」と王法を意味する狭義の「国家」は、日蓮以前の伝統仏教では癒着させられた上、後者に重点をおいた用い方がなされていた。両者を分離した日蓮は、伝統仏教が仏法と運命共同体の関係にあるとした王法を、仏法を広めて安国を実現する手段として仏法の一段下に位置づけた。そのことによって、「安国」を実現できない支配権力に対する政治批判の視座を確保したのである。

前近代社会にあって、庶民の生命と生活を重視する立場から、政治権力を徹底的に手段化する論理を明示した点において、『安国論』は注目すべき内容をもっている。それは儒教の易姓《えきせい》革命論にも通ずるものであり、日蓮における儒教思想の受容を考える上でも重要な問題である〔戸頃一九六五〕。こうした立場をとる日蓮にとって、時頼に対する『安国論』提出はもはや下からの意見上申ではなかった。それは仏法の権威を体現する日蓮が、上から権力者を導く行為だったのである。

なお、民衆の安穏実現が支配者の責務であり、それを怠った人物は天や神の譴責《けんせき》を受けるという主張は『神皇正統記《じんのうしょうとうき》』（後嵯峨）などにみえており、中世には一定の広がりをもって受容された思想だった。今後はより広いコンテクストのなかで、他の思想家と比較しながら日蓮の政治批判の論理の特質を検討していく必要があるだろう。

5　社会変革の担い手たち

思想から行動へ

私は先に日蓮の思想の特質の一つに、終末的様相を示す日本の国土を客観的に改造し、そこに理想の仏国土の建設を目指そうとする点があることを指摘した。この国土を離れて浄土はないというのは天台宗の基本的な立場だったが、日蓮はその理念を継承しながらも理想の浄土を現実から切り離し、今後実現すべき目標として高く掲げるのである［田村一九七五］。

その際、その現実変革の主体とその責任を明示したところに、日蓮のもう一つの特色があった。『立正安国論』において日蓮は、『涅槃経《ねはんぎよう》』から「もし善僧がいたとしても、仏法を破壊する者をみてその行為を黙認し、責めたり追い立てたり罪を追及したりすることがなければ、その者はかえって仏法の怨敵であると知れ」（第六段）という言葉を引用し、謗法者の弾劾《だんがい》が仏法者に課せられた神聖な責務であるとしている。

のである。

悪法の横行とそれに起因する災害を知りながら黙認すれば、その者にも同じ責任が問われる。——日蓮はこのような論理を打ち立てることによって、謗法断罪の使命を我が身に引きつけ、みずからの『立正安国論』提出と念仏排撃の言動を正当化していくのである。

ただし、この世に理想の仏国を建設する主体が、たんなる経典の引用によってではなく、みずからの言葉と論理でもって語られるようになるのは、佐渡流罪を経て「地《じ》涌《ゆ》の菩薩」の観念が成熟する時期をまたなければならなかった。

地涌の菩薩とは『法華経』に説かれているものである。遠い過去に釈尊から仏滅後における法華経弘通の使命を委託され、末法の時代に地面から涌《わ》き上がるようにして出現する存在だった。この地涌の菩薩に、日蓮は自身とその門弟をなぞらえ、苦境のなかで不《ふ》撓《とう》不《ふ》屈《くつ》の実践を貫く精神的な支柱とした。地涌の菩薩の観念は、近代日蓮主義の運動では大地に生きる民衆のなかから崛《くっ》起《き》する主体的・英雄的実践者のイメージを付与され、人々を社会変革の活動に駆り立てる役割を果たすことになる。

『立正安国論』では、まだそうした日蓮固有の現実変革のプロセスとその主体が明示されるには至っていない。だが、そこに描かれる理想の仏国土と現実社会との鋭い緊張と「安国」達成に向けての強烈な使命感は、全編に強い切迫感を生み出している。

近代に入って『立正安国論』が左右を問わずさまざまな立場の人々に受容され、実践の原理となりえた理由の一つは、そこにあったと考えられるのである。

底辺に生きる人々への眼差し

天台宗をはじめとする伝統仏教の色濃い影響を残しながらも、日蓮が『立正安国論』において独自の世界を切り開くことができた原因はどこにあったのだろうか。『立正安国論』執筆に先立つこと七年の一二五三年（建長五）、日蓮はいわゆる「立教開宗」を行って、激しい念仏批判を開始した。彼は留学帰りのエリート学僧としての平穏な生活と決別し、あえてみずからの信念に身を委ねた。『立正安国論』の提出も、その生命すら危機にさらしかねない行為であることは、日蓮自身よく承知していたはずである。にもかかわらず、日蓮はなぜわざわざ火中の栗を拾うような行動に出たのであろうか。

『立正安国論』は、正嘉年間に東日本を襲った飢饉がもたらした凄惨《せいさん》な状況から説き起こされている。一二五七年（正嘉元）から、大地震に襲われた東日本では寒冷な気候が続き、それに長雨と嵐が加わった。飢餓によって体力を失った人々を、今度は疫病が襲った。街道と市街のいたるところに行き倒れの死体が散乱し、その周囲を餓死寸前の人々が徘徊《はいかい》していた。

日蓮が比叡山で学んだ天台の教えでは、あらゆる人々がその本質において仏であり、この世界を離れては浄土もありえないと説かれていた。煩悩《ぼんのう》にまとわれた凡夫《ぼんぶ》はふだんはそのことに気づいていないが、自分が仏であることを覚醒した瞬間、周囲も即座に永遠の浄土と化すのである。

しかし、現状はといえば、地面に倒れ伏して死を待つだけの無数の老若男女がいるだけだった。これらの人々は、何の罪あってこうした目に遭わなければならないのであろうか。餓死目前の人々に、あなたは実は仏そのものなのだと説くことが、果たしてどれほど意味のあることなのだろうか……。

真の意味での仏教者として日蓮は、この惨状を直視することからスタートを切ったといってよい。日蓮は周囲で繰り広げられる地獄の光景に深く心を痛めると同時に、その原因を作った者たちに対して、激しい怒りの念が沸き起こってくるのを禁じえなかった。日蓮の憤りは第一に、問題を引き起こした張本人でありながら、現実に背を向け人々に彼岸への亡命を勧める念仏者に向けられた。次いで、安国実現の使命を忘れて悪法を尊ぶ権力者が批判の槍玉《やりだま》にあげられた。日蓮の怒りはまた、衆生救済の精神をどこかに置き去りにしたまま、空虚な教学を玩《もてあそ》ぶ既成仏教の僧侶たちにも及んだ。日蓮は、それまでの人生で得た地位のすべてをなげうつ結果となっても、彼らと正面から対決する道を選んだ。

かつて権門寺院から異端として排撃され続けてきた専修念仏も、日蓮の時代にはすでに旧仏教との和解を実現し、幕府権力と結び付いて体制仏教化していた。それゆえ、鎌倉幕府に対する日蓮の『立正安国論』提出という行動は、同時代の政治的・宗教的権威に対して、ともに挑戦状を突き付けたことを意味した。激しい反発は当然予想された。しかし、日蓮は身命《しんみょう》を惜しまず信念を貫く実践こそが、仏から授けられた聖なる使命であると確信していたのである。

実践の書としての『立正安国論』

日蓮の念仏批判は、二一歳の著作とされる『戒体即身成仏義』にすでにみられた。三二歳の「立教開宗」では、それまでの旧仏教の念仏批判にはみられなかった、念仏の存在意義自体を根底から否定する激しい論理を公表した〔佐藤二〇〇三〕。『守護国家論』ではそれがさらに精緻な理論へと磨き上げられ、教理書としては『安国論』を超える整然とした体系を有するものとなっている。けれども、その論理は現実を見据えた中から生み出されたというよりは、まだ教理それ自体の一人歩きという性格が強かった。

『安国論』の念仏批判は、一見それらと共通するようにみえながらも、現実社会との徹底した格闘を経たものである点において、決定的な違いがあった。その背後には、閉じられた僧院の世界を超えた民衆への共感のまなざしがあり、生活者の立場で仏法の問題を考えていこうとする下からの視座がある。直面する社会問題を自分一人があえて引き受けようとする、強い使命感がある。鎌倉の下層社会での実践と体験を通じてえた確信をもとに、伝統的な教学そのものを読み替えていこうとする知的な気迫と冒険に満ちている。

以後の日蓮の思想構築は、『安国論』に示されたこうした先鋭な問題意識の上になされていくことになる。そこに日蓮の思想の原点としての、また教理書ではなく実践の書としての『安国論』の独自性と意義が存在するのである。

日蓮生前はもとより、近代日本において多数の人々の心を捉え、行動へと駆り立てていった理由は、理論レベルの問題だけにあったのではない。むしろ重要なのは、論理の背後に存在する、衆生救済にかける日蓮の鉄の意志だった。『立正安国論』はそこに一貫する底辺の民衆からの視座と、その根底にある人間を見つめその生をいとおしむ眼差しの深みにおいて、時代を超えた普遍性を獲得しているのである。

る。

立正安国思想の変容

『立正安国論』は日蓮の著作としては初期のものに属するが、日蓮は終生これを重視し続けた。一二六八年（文永五）に蒙古の牒状が到来すると、これを『立正安国論』の「他国侵逼難《たこくしんぴつなん》」の予言の的中と捉えた日蓮は、以後みずからこれを幾度か書き写すと共に（中山法華経寺所蔵の真筆本がこれに当たる）、弟子たちにも書写させている。

その際問題となるのは、日蓮の思想の骨格が『安国論』執筆以後大きく変化し、当初の形態と論旨をそのまま維持することが不可能な部分が生じたことである。日蓮の直弟子である日興《にっこう》書写本（玉沢妙法華寺蔵）などには、「天台沙門日蓮勘之」（天台沙門日蓮、これを勘《かんが》ふ）という署名がある。日蓮は最初、最澄の正統天台宗を継承する「天台沙門」（天台僧）としてこれを提出したと考えられるが、後に天台宗の開祖である最澄を超克したという意識が強まり、「法華経の行者」の自称を用いるようになると、天台沙門の自己規定は用いられなくなった。

また、一二六〇年の段階で真言密教はまだ批判の対象とはなっていなかったが、佐渡流罪期以後は最大の仇敵とみなされるにいたる。先にも触れたように、京都の本圀寺には晩年の書写と推定される真筆本（広本）が所蔵されている。そこでは真言密教批判が付け加えられていることから、日蓮が「立正安国」という枠組み自体は維持しながらも、しだいに「立正」の意味内容に修正を加えていった様子が窺《うかが》える。

先にも論じたように、今日「立正安国」といえば、他のあらゆる教えを「邪法」として退け、唯一『法華経』だけを「正法」として宣揚するものというイメージがある。だが、それは後に執筆された「広本」の思想ではあっても、一二六〇年に書き上げられた『立正安国論』の論理ではない。完成期の日蓮思想を、遡《さかのぼ》って当初の『立正安国論』に適用した解釈だったのである。

日蓮の第七百遠忌《おんき》を記念して、中山法華経寺では一九八五年（昭和六〇）に真筆本『立正安国論』の全面的な改修が行われた。その折に、紙背《しはい》（紙の裏側）から『本朝文粋』巻一三の写本が発見された。この改修の中心者中尾堯《たかし》氏は、伝来の過程で現在表になっている『安国論』がいったん反故《ほご》とされ、仕立て直されたうえで『本朝文粋』書写の料紙に使われたことなど、この本が辿った数奇な運命を明らかにされている［中尾二〇〇二］。

6　『立正安国論』は予言の書か

未来記の時代

『立正安国論』第九段において、日蓮はこれまで悪法の流布によってさまざまな災難が起こったが、まだ『薬師経』の説く二難、「他国侵逼の難」（外国の侵略）と「自界《じかい》叛逆《ほんぎゃく》の難」（内乱）が残っているとする。その上で、もし事態をこれ以上放置しておけば、これらの災いが出現すると警告するのである。果たして、その後に内乱（北条時輔の乱、一二七二）と外寇（蒙古襲来、一二七四・一二八一）が出来《しゅったい》することになる。

これらの事件、とりわけ蒙古襲来を『立正安国論』の予言の的中と捉えることは、日蓮自身に始まることだった。また後世になると、この書が蒙古襲来を予言したものであるという見方は、広く社会に受け入れられるようになる。『立正安国論』は本当に予言の書だったのだろうか。最後にこの問題について、考えてみることにしたい。

現代人には容易に想像できないことであるが、日蓮の生きた中世は日常的にさまざまな予言の飛び交う時代だった。「未来記」とよばれる中世の予言書は、多くの場合、聖人が未来を予言して書き残しておいたもの、という形式をとっていた。なかでも有名なものに、聖徳太子の未来記がある。日蓮も『安国論御勘由来』で、日蓮以前の予言的中の例として、『聖徳太子記』の「我が滅度の後、二百余年を経て、山城の国に平安京を立つべし」という言葉を引いている。聖徳太子はみずからの死後二〇〇年を経て、平安京が建立されることを見越していた、というのである。

聖徳太子をはじめとする聖人たちは、なぜ未来を見通すことができたのであろうか。それを理解するヒントは、しばしば彼らに付された「権化《ごんげ》」という形容にある。権化とは、人間以外のものが仮に人の姿をとってこの世に出現することである。彼らは人間ならざるものの変化《へんげ》であるがゆえに、日本の未来を覚知することができたのである［佐藤二〇〇二］。

予知能力の根源

中世に流行する聖人たちの未来記と較べたとき、『立正安国論』の予言の特色はどこに見出すことができるのであろうか。

日蓮によれば、もともと正法の衰退による「他国侵逼難」を予言したのは日蓮ではなく釈迦であった。日蓮はそれを当時の具体的な状況にあてはめて解釈しただけであり、日蓮ならずとも「他国侵逼難」を予想することは十分可能だった。『立正安国論』において、日蓮は仏法の興廃と難の到来との因果関係を説く『金光明経《こんこうみょうきょう》』などの四経の文を引いた直後に、次のように述べる。

以上、四つの経典の説くところは明白である。いったいだれが疑うことができようか。にもかかわらず、目を閉ざし耳を塞いでそれを無視しようとする者、心の迷える者たちは、妄《みだ》りに邪説を信じて正しい教えを受け入れようとしない。（第二段）

日蓮は釈迦の教えを文字化した経典の中に、国の興廃はそこに流布する教法の正邪に規定されるということが明瞭に説かれている、とみていた。ゆえに、災害を止め安国を実現しようとするならば、なによりもまず悪法を禁止し正法を保護しなければならない。さもなければ、さらなる大難が出現するであろうことは経文に明記されているる。だが、これほどはっきりと経文に書かれているにもかかわらず、悪法によって目をくらまされた人々は、釈迦の真意を理解できないでいる――日蓮はこのように主張していたのである。

こうした論理から知られるように、日蓮は主観的には、「他国侵逼難」などの予測を自分だけがよくなしうる特権的行為とは考えていなかった。蒙古の国書到来後に日蓮自身が書写した中山法華経寺本の奥書には、蒙古襲来がその予言の的中であったことを述べたのち、「この書は徴《しるし》有る文なり。これ偏《ひとえ》に日蓮の力にあらず。法華経の真文の至す所の感応か」と記している。日蓮にとってその未来予測の力は、経典の霊力の賜物だった。当時の状況を念頭において真摯《しんし》な気持ちで経典に向かうとき、だれもが近い将来におけるそれらの難の出現を予想することが可能なのであり、予想しなければならない。日蓮は人より早くそのことに気づいたため、他の人々を覚醒させるという使命を帯びることになったのである。

予言という行為が、特定の人格を回路とした超越者の意思の表示であったり、人為を超えた歴史の進行の予知であったりする場合には、人間はその予言の理由を詮索することは許されなかった。できることは、その都度の託宣に示される未来の明暗に一喜一憂することだけだった。

それに対し、日蓮は『立正安国論』において、「他国侵逼」「自界叛逆」による国土の滅亡を警告する一方、為政者の今後の姿勢次第では、難を克服して「安国」を達成できることを強調している。むしろ外寇を避けるためにも、為政者が努力を惜しむべきでないことを力説するのである。日蓮は一方的に外寇の恐怖を説いたのではない。

仏法を基本に据えた正しい政治によって理想社会を実現するか、あるいは手をこまねいたまま亡国を待つか、二者択一を支配者に迫ったのである。

もちろん日蓮以前の予言においても、一方的な世界の終末が予告されていただけではない。聖徳太子や智証大師《ちしょうだいし》などに仮託された中世の未来記は、終末論的な色彩がきわめて濃いものではあったが、衆生《しゅじょう》が心を入れ替えて作善《さぜん》に尽くせば状況の改善は可能であるとされていた。運命をその当事者の決断に委ねるという点で、日蓮の予言との共通性を見出すことができる。それはまた、異界から響く不可避の未来の一方的な通告であった古代の予言に対する、中世的な予言の特色でもあったのである［佐藤二〇〇二］。

第一段

【読み下し】

旅客《りよかく》来《きた》りて嘆《なげ》いて曰《いわ》く、近年より近日《きんじつ》に至るまで、天変《てんぺん》・地夭《ちよう》・飢饉《ききん》・疫癘《えきれい》、遍《あまね》く天下に満ち広く地上に迸《はびこ》る。牛馬巷《ちまた》に斃《たお》れ骸骨《がいこつ》路《みち》に充《み》てり。死を招くの輩《ともがら》既に大半を超え、之《これ》を悲しまざるの族《やから》敢《あえ》て一人も無し。然《しか》る間、或《あるい》は「利剣即是《りけんそくぜ》」の文《もん》を専《もつぱ》らにして西土教主《さいどきようしゆ》の名《な》を唱え、或は「衆病悉除《しゆびようしつじよ》」の願《がん》を恃《たの》んで東方如来《とうほうによらい》の経を誦《じゆ》し、或は「病　即消滅《びようそくしようめつ》、不老不死《ふろうふし》」の詞《ことば》を仰ぎて法華真実《ほつけしんじつ》の妙文《みようもん》を崇《あが》め、或は「七難即滅《しちなんそくめつ》、七福《しちふく》即生《そくしよう》」の句を信じて百座百講《ひやくざひやくこう》の儀《ぎ》を調《ととの》え、有《ある》は秘密真言《ひみつしんごん》の教に因《よ》りて五瓶《ごびよう》の水を灑《そそ》ぎ、有《ある》は坐禅入定《ざぜんにゆうじよう》の儀《ぎ》を全《まつと》うして空観《くうがん》の月を澄まし、若《も》しくは七鬼神《しちきじん》の号《ごう》を書して千《せん》門《もん》に押し、若しくは五大力《ごだいりき》の形を図《ず》して万戸《ばんこ》に懸《か》け、若しくは天神地祇《てんじんちぎ》を拝して四角《しかく》四堺《しかい》の祭祀《さいし》を企て、若しくは万民百　姓《ばんみんひやくしよう》を哀《あわ》れんで国主国宰《こくさい》の徳政《とくせい》を行う。然りと雖《いえど》も、唯肝胆《ただかんたん》を摧《くだ》くのみにして弥《いよいよ》飢《き》疫《えき》逼《せま》る。乞客《こつかく》目に溢《あふ》れ死人眼《まなこ》に満てり。屍《かばね》を臥《ふ》して観《かん》と為《な》し尸《しかばね》を並べて橋と作《な》す。観《おもんみ》れば夫《そ》れ、二《に》離《り》璧《たま》を合せ五《ご》緯《い》珠《たま》を連《つら》ぬ。三宝《さんぼう》世に在《いま》し百王未《いま》だ窮《きわ》まらざるに、此《こ》の世《よ》早く衰え其《そ》の法《ほう》何ぞ廃《すた》れたるや。是《こ》れ何《いか》なる禍《わざわい》に依り、是れ何なる誤《あやま》りに由《よ》るや。

主人の曰《いわ》く、独り此の事《じ》を愁《うれ》えて胸《く》臆《おく》に憤《ふん》悱《ぴ》す。客来りて共に嘆く、屢《しばしば》談話を致さん。夫れ出家して道《みち》に入《い》るは法に依りて仏を期するなり。而《しか》るに今、神術《しんじゅつ》も協《かな》わず仏《ぶつ》威《い》も験《しるし》無し。具《つぶさ》に当世の体《てい》を覿《み》るに愚《おろか》にして後生《ごしょう》の疑《うたがい》を発《おこ》す。然れば則ち、円覆《えんぷ》を仰いで恨《うらみ》を呑み方載《ほうさい》に俯《ふ》して慮《おもんばかり》を深くす。倩《つらつら》微《び》管《かん》を傾け聊《いささ》か経文《きょうもん》を披《ひら》きたるに、世《よ》皆正《しょう》に背《そむ》き人《ひと》悉《ことごと》く悪に帰す。故に善神《ぜんじん》国を捨てて相去り、聖人《しょうにん》所《ところ》を辞して還《かえ》らず。是《ここ》を以て魔《ま》来《きた》り鬼《き》来《きた》り、災《さい》起《おこ》り難《なん》起る。言わずんばあるべからず、恐れずんばあるべからず。

【現代語訳】

旅の客が訪ね来て、嘆いていった。

「近年から近日にいたるまで、天変地異や飢饉・疫病があまねく天下に満ち、広く地上を覆っている。牛馬は路上に倒れ伏し、人の屍と骨は道にあふれている。命を失った者はすでに大半に及び、この惨状を悲しまない者はだれひとりとしていない。

こうした事態に直面して、ある者は、もっぱら善導《ぜんどう》の「罪業《ざいごう》を断ち切る利剣とはすなわち弥陀の名号」という言葉を拠り所として西方極楽浄土の阿弥陀如来の名を唱え、ある者は、「病気がみな治癒する」という誓願を頼んで東方浄瑠璃《じょうるり》世界の薬師如来の経典を読み、ある者は、「薬王品《やくおうぼん》」の「病は即座に消滅して、不老不死」という言葉を仰いで『法華経』の真実の妙文を崇《あが》めている。またある者は、『仁王経《にんのうきょう》』の「七難がたちまち消え、七福がたちどころに生ずる」という句を信じて仁王会《にんのうえ》の百座百講の儀式を整え、ある者は、災いを攘《はら》うために五つの瓶の水を注いで真言秘密の祈禱を行い、ある者は、坐禅入定《にゅうじょう》の作法を完成して「一切はみな空《くう》」の境地に到達すべく、努力を傾けている。

さらに、七鬼神の名を書いて門ごとに貼ったり、五大力菩薩の像を描いて家ごとに懸けたり、あるいは天地の神々を礼拝して四角四界祭を行ったりしている。国主も万民を憐《あわ》れんで徳政の実施に余念がない。

だが、必死の祈禱はいっこうに実を結ぶ気配はなく、逆に飢饉や疫病はますます猛威を振るっている。食を求めてさすらう人々は目に溢れ、死人は視野に満ちている。屍を積み上げれば望楼となるほど高く、横に並べれば橋となるありさまである。

思えば、天の日月は正しく照らし、木・火・土・金・水の五星は少しの乱れもなく運行している。ありがたい三宝はこの世に厳然として存在し、国王の命運が尽きるという百王の時代もまだ先のことだ。にもかかわらず、この世がかくも早く衰え、仏法が廃《すた》れているのはどのような理由によるものであろうか。これはいかなる禍い、いかなる誤りによって起こったことなのであろうか。」

主人は答えていった。

「私もかねてからひとりこのことに心を痛め、憤激のあまりやり切れない思いをいだいてきた。折しも、あなたがおいでになって、同じく世のありさまを嘆かれていることを知った。こころゆくまで語り合おうではないか。

そもそも出家して仏道に入るのは、法に従って成仏を目指すためである。ところが、いまは神への祈りも効果はなく、仏もいっこうにその霊験を示さない。このような悲惨なありさまを目にするにつけ、私のような愚かな者は、もっとも重大な関心事である来世の成仏は本当にだいじょうぶなのか、という疑問を抑えることができない。

そこで、天を仰いではこの恨みの気持をこらえ、地に伏してはよくよく災難の原因を考えてみた。乏しい知識を尽くして、いささか経文を調べてみると、世はみな正しい教えに背き、人々はすべて悪法に染まっている。そのために、国を守るべき善神は国を捨てて去り、人を導くべき聖人もどこかへ去って戻ってくることがない。この隙《すき》をついて悪魔や邪鬼が侵入し、それらが目下の災禍を引き起こしている、と説かれている。

私はどうしてもこのことを人に語らないわけにはいかない。この経文を恐れずにはいられないのだ。」

【語釈】

○**利剣とはすなわち弥陀の名号**　善導の『般舟讃《はんじゅさん》』の文（正蔵四七、四四八頁下）。弥陀の名号＝念仏を称《とな》えれば、鋭い剣で切り裂くように、たちどころに罪を消し去ることができる、という意。

○**病気がみな治癒する**　『薬師琉璃《るり》光《こう》如来本願功徳《くどく》経』（玄奘《げんじょう》訳）に説かれている、薬師如来の十二願中の第七の願（正蔵一四、四〇五頁上〜中）。薬師の名号を耳にすることによって、あらゆる病が治ると説かれる。

○**病は即座に消滅して、不老不死**　『妙法蓮華経』薬王品（鳩摩《くま》羅什《らじゅう》訳）の文（正蔵九、五四頁下）。法華経を聞くことによって病気が癒され、不老不死の身をえる、とされる。

○**七難がたちまち消え、七福がたちどころに生ずる**　『仁王般若波羅蜜経』受持品（鳩摩羅什訳）の文（正蔵八、八三二頁中〜下）。般若波羅蜜経講読の功徳としてあげられる。

○**仁王会**　天皇の主催する最重要の護国法会《ほうえ》。百人の僧を招き百の高座をととのえてなされるゆえに、百座・百講の仁王会という。承久の乱以降は鎌倉幕府によって、鎌倉の鶴岡八幡《つるがおかはちまん》宮《ぐう》でも行われるようになった。

○**五つの瓶**　真言の修法《しゅほう》の際に、壇上に置く五つの宝瓶《ほうびょう》。香水《こうずい》などを入れ、その水をそそいで攘災《じょうさい》の祈禱を行う。

○**一切はみな空**　あらゆる存在や事象は固定的な実体をもたないこと。禅ではこの理法を悟ることを目標とする。災害も心が造り出したもので、その本質は空であるがゆえに、そのことを悟れば災いもおのずから消滅すると考えるのである。

○**七鬼神**　『却《きゃく》温黄神呪経《おんおうじんじゅきょう》』（伝不《ふ》空《くう》訳）に、七鬼神の名を呼ぶことによる疫病退散を説く（卍蔵三、七六六〜七七頁）。

○**五大力菩薩**　三宝を護持する国王に、五大力菩薩の加護があることは『仁王般若波羅蜜経』受持品に説かれる（正蔵八、八三三頁上）。

○**四角四界祭**　天皇の体に障《さわ》りをなす鬼神の侵入を防ぐために、平安京の四隅（四角祭）と山城国の国境四ヵ所（四境祭）で行われる陰陽道の祭り。元仁元年（一二二四）を初見として、将軍御所を中心に鎌倉でも実施されるようになった。

○**国主**　原文は「国主国宰」。真筆では「国主」の「国」は「国」を、「国宰」の「国」は「囻」の字を用いる。日蓮は『立正安国論』において、「国」の字に、「國」「国」「囻」の三種を使い分けている。

○**徳政**　後には借金証文の破棄をいうようになるが、本来は善政を意味する。後白河院の文治四年（一一八八）の院宣には、近ごろ「天変地妖」が連続しているが、「妖は徳に勝てないものだから、徳政を行うことが一番の対策である。徳政は人々の嘆き悲しみを消し去ることを第一とするものである」(『吾妻鏡《あづまかがみ》』文治四年四月一二日条)という言葉がある。徳政の実施が自然災害を沈静化させるという認識は、中世には広く諸資料に散見される。

○**三宝**　仏宝・法宝・僧宝。仏教でもっとも尊重すべきもの。

○**百王**　「百王」は、はじめ王の支配が永続することを寿《ことほ》ぐ言葉だったが、平安末から、天皇の支配が一〇〇代で終わりを告げるという一種の終末論へと変容した。日蓮が『立正安国論』を著したときの天皇は亀山で、第九〇代にあたる(仲哀天皇を除外して八九代とする数え方もあった)。ちなみに、一〇〇代目の天皇は、同時代の人々には室町時代の後円融天皇であるとみなされていた。足利義満が天皇位を簒奪《さんだつ》して自分の子を天皇位につけようとする根拠として、百王思想を利用したという指摘がある[今谷一九九〇]。

○**善神**　国土を守護し災害を防ぐ、梵天《ぼんてん》・帝釈天《たいしゃくてん》・四天王などの仏法守護の神々。後には天《あま》照《てらす》大神《おおみかみ》などの日本の神もこれに加えられるようになる。

○**聖人**　この言葉が具体的に何を意味するかは、経典から日蓮にいたるさまざまな用例を踏まえた詳細な検討を必要とする。中世では遠い彼岸の仏菩薩が末代の人々を救うため、高僧などの姿を借りてこの世に現れると信じられていた。それゆえ、聖人が姿を消すことは、仏がこの世界の人々の救済を停止することを意味した。なお、文殊《もんじゅ》の化身も「聖僧」とよばれていた。

【解説】

第一段ではじめに、日蓮が『立正安国論』を述作する動機となった当時の凄惨《せいさん》な社会状況が、客の口を通して語られる。

正嘉《しょうか》元年（一二五七）八月二三日、武家の都鎌倉を大地震が襲った。山は崩れ人家は倒壊し、築地はことごとく破損した。被害を受けない神社仏閣は一つもなかった。地面が裂けて水が噴き出し、地中から青い炎が吹き出した場所もあった。鎌倉幕府が編纂した歴史書『吾妻鏡』は、その様子を生々しく描き出している。

甚大な被害をもたらした地震は、大災害の前触れでしかなかった。それに引き続いて、「正嘉の飢饉」とよばれる飢餓の時代が到来するのである。

長期的な気候変動からみて寒冷期にあたる鎌倉時代は、慢性的な飢饉の時代だった［磯貝二〇〇二］。ほぼ一〇年から二〇年をサイクルとして、繰り返し飢饉が到来した。その中でもここで描写される正嘉の飢饉は、寛喜《かんき》のそれとならぶ最悪のものであり、長く人々の記憶に留まることになった。飢饉は人々の体力を奪い、抵抗力の落ちた体は容易に病原菌の侵入を許した。その結果飢饉は必然的に疫病の流行を伴った。

科学的・疫学的知識の乏しい鎌倉時代にあっては、天変地異や疫病を鎮める方法は神仏に頼るだけしかなかった。しかし、阿弥陀や薬師をはじめとするさまざまな仏に祈り、天地の神々を祭り、あらゆる修法を尽くしてもなお、災害はいっこうにやむ気配をみせなかった。

仏法は厳然として存在し、百王の代もまだ尽きるには至っていない。にもかかわらず、世がこれほどまでに終末的様相を示すのはいったいなぜか。——客は、主人にこうした疑問をぶつけるのである。この疑問は、おそらく当時のほとんどの人々がいだいていたものであったろう。

さてここで問題となるのは、主人＝日蓮の対論の相手であるこの客が、具体的にはだれになぞらえられているのかという点である。その際、災害対策として百座百講の仁王会、四角四界祭、国主国宰の徳政が行われたという記述は注目に値する。仁王会も四角四界祭も、もともとは京都で行われる天皇と王権を鎮護するための重要な国家的儀式だったが、承久の乱（一二二一）後は鎌倉でも行われるようになった。ここに描かれたそれは、日蓮がまのあたりにしている東国の災禍に対処するために実施されたものであるゆえに、鎌倉幕府が主催したものであることは明らかである。「国主」が行ったという「徳政」もまた、鎌倉幕府が行ったさまざまな撫民《ぶみん》政策であることはいうまでもない。

日蓮は「国王」と「国主」という言葉をかなり厳密に使い分けており、「国王」が国家の形式上の最高位者＝天皇を指すのに対し、「国主」の方は多くの場合実質的な国家権力の掌握者を意味した（もちろん両者が一致する場合もあった）。たとえば日蓮は、承久の乱に論及するに際して、京都側の中心人物であった後鳥羽院を「国主」とはいっても、決して「国王」とはいわない。これは後鳥羽院が、承久の乱の時点ではすでに退位して「国王」ではなかったことによる。日蓮はこの乱を転機として、「国王」が天皇であることは変わらなくとも、「国主」の地位は院から北条氏へと移行したとみなしていたのである［佐藤一九九八b］。

したがって、仁王会や四角四界祭を主催し、徳政を実施してきた主体＝「国主」とは、まさしく『立正安国論』の提出先である最高実力者、北条時頼その人にほかならない。そして彼は、あらゆる手段を尽くしてもなお安国を達成できないことに苦慮する人物として描かれている客とも、二重写しになっていたのである。

日蓮が捉えた同時代の国家像は、「国王」である天皇のもとで、北条得宗が「国主」として実質的な国家の公権を行使するというものであった。中世国家をどう捉えるかについては、現在もさまざまな学説が入り乱れて定説がない状況である。そうしたなかで、中世国家＝東国国家論の根拠として日蓮の言葉を引くものや、彼が『立正安国論』を幕府に提出したことを指摘するものが時折みうけられる。しかし、日蓮の目に映った当時の国家は、幕府を中心とする一つの国家でも、京都と東国の二重国家でもなかった。あくまで京都を中心とし、幕府が実権を握る一つの国家だったのである。

なお客は、しばしば主人の〈仏法為本〉に対して〈王法為本〉の立場をとる人物とされるが、従うことはできない。客は頻発する災害を前にして、『法華経』の読誦《どくじゅ》をはじめ、すでにあらゆる法会や修法を実施している。安国に果たす仏法の重要性は、客も十分に認識していた。主人と客との対立は「仏法」と「王法」どちらを優先させるかといったレベルの問題ではないのである。

災害対策に苦慮する客に対して、主人はその根本原因が、「世はみな正しい教えに背き、人々はすべて悪法に染まっている」ことにより、「国を守るべき善神」と「人を導くべき聖人」が国を捨てて去ってしまったことにあると主張するのである。

第二段

【読み下し】

客の曰《いわ》く、天下の災《わざわい》、国中《こくちゅう》の難、余《よ》、独《ひと》り嘆くのみに非ず、衆《しゅ》皆悲しめり。今、蘭《らん》室《しつ》に入《い》りて初めて芳詞《ほうし》を承《うけたまわ》るに、神聖《じんしょう》去り辞し災難並《なら》び起るとは、何《いず》れの経に出《い》でたるや、其の証拠を聞かん。

主人曰く、其《そ》の文繁多《もんはんた》にして其の証弘博《しょうこうはく》なり。

金光明経《こんこうみょうきょう》に云《いわ》く、「其の国土において此《こ》の経《きょう》有りと雖《いえど》も未だ嘗《かつ》て流布《るふ》せず、捨離《しゃり》の心を生《しょう》じて聴聞することを楽《ねが》わず、亦《また》供養し尊重《そんじゅう》し讃歎《さんだん》せず。四部の衆《しゅ》、持経《じきょう》の人を見て、亦《また》復尊重し乃至《ないし》、供養すること能《あた》わず。遂に我等《われら》及び余の眷属《けんぞく》、無量の諸天をして此の甚深《じんじん》の妙法を聞くことを得ず、甘露《かんろ》の味《あじわい》に背き正法《しょうぼう》の流《ながれ》を失い、威光及以勢《いこうおよびせい》力《りき》有ること無からしむ。悪趣を増長し人天《にんでん》を損減《そんげん》し、生死《しょうじ》の河《かわ》に墜《お》ちて涅槃の路《みち》に乖《そむ》かん。世尊、我等四王幷《ならび》に諸《もろもろ》の眷属《けんぞく》及び薬叉《やしゃ》等、斯《かく》の如き事《じ》を見て、其《そ》の国土を捨てて擁護《おうご》の心無けん。但《ただ》我等のみ是《こ》の王を捨棄《しゃき》するに非ず、必ず無量の国土を守護する諸大善神有らんも皆 悉《ことごと》く捨去《しゃこ》せん。既に捨離《しゃり》し已《おわ》れば、其の国当《まさ》に種種の災禍《さいか》有りて国位を喪失《そうしつ》すべし。一切の人衆皆《にんしゅみな》善心無く、唯《ただ》繋縛《けばく》、殺害《せつがい》、瞋諍《しんじょう》のみ有り、互に相讒諂《あいざんてん》し、枉《ま》げて辜《つみ》無きに及ばん。疫病《えきびょう》流行し、彗星《すいせい》数《しばしば》出で、両日並《なら》び現《げん》じ、薄蝕《はくしょく》恒《つね》無く、黒白《こくびゃく》の二虹《にこう》不祥の相を表し、星流れ、地動き、井の内に声を発し、暴雨・悪風時節に依らず、常に飢饉に遭いて苗実《みょうじつ》も成《みの》らず、多く他方の怨賊《おんぞく》有りて国内を侵掠《しんりゃく》し、人民《にんみん》諸の苦悩を受け、土地《とち》に所楽《しょらく》の処有ること無けん」と已上。

大集経《だいじっきょう》に云《いわ》く、「仏法実に隠没《おんもつ》せば、鬚髪爪《しゅほっそう》皆長く、諸法も亦忘失《もうしつ》せん。当時《そのとき》、虚空《こくう》中《ちゅう》に大《おお》いなる声ありて地に震い、一切皆遍《あまね》く動ぜんこと猶水上輪《なおすいじょうりん》の如くならん。城壁破れ落ち下《くだ》り、屋宇《おくう》悉く圮《やぶ》れ坼《さ》け、樹林の根《こん》・枝《し》・葉《よう》・華葉《けよう》・菓《か》・薬《やく》尽きん。唯浄居天《ただじょうごてん》を除きて、欲界《よくかい》の一切処《いっさいしょ》の七味《しちみ》・三精気《さんしょうけ》、損減《そんげん》して余《あまり》有ることなく、解脱《げだつ》の諸の善論《ろん》、当時《そのとき》一切尽きん。生ずる所の華菓《けか》の味《あじわい》希少《きしょう》にして亦美《うま》からず、諸有る井泉池《せいせんち》一切尽《ことごと》く枯涸《こかく》し、土地悉く鹹鹵《かんろ》し、敵裂《てきれつ》して丘澗《くけん》と成り、諸山《しょざん》皆燋燃《しょうねん》して天龍《てんりゅう》雨を降らさず、苗稼《みょうか》皆枯死《こし》し、生《しょう》ずる者皆死《か》れ尽《つく》して、余草更に生ぜず。土を雨《ふ》らし皆昏闇《こんあん》にして、日月明《にちがつめい》を現ぜず。四方皆亢旱《こうかん》し、数《しばしば》 諸の悪瑞《あくずい》を現ぜん。十不善業道《じゅうふぜんごうどう》、貪《とん》・

瞋《じん》・癡《ち》倍増し、衆生《しゅじょう》の父母《ぶも》に於ける、之《これ》を観《み》ること獐鹿《しょうろく》の如くならん。衆生及び寿《じゅ》命《みょう》・色力《しきりき》・威楽《いらく》減じ、人天《にんでん》の楽《らく》を遠離《おんり》し、皆悉く悪道に堕《お》ちん。是《かく》の如き不善業の悪王・悪比丘《あくびく》、我が正法《しょうぼう》を毀壊《きえ》し、天人《てんにん》の道を損減せん。諸天善神王《しょてんぜんじんおう》の衆生を悲愍《ひみん》する者、此の濁悪《じょくあく》の国を棄《す》てて皆悉く余方《よほう》に向わん」と已上。

仁王《にんのう》経に云く、「国土乱れん時は、先ず鬼神乱る。鬼神乱るるが故に万民《ばんみん》乱る。賊来《ぞくきた》りて国を刧《おびやか》し、百姓亡喪《ひゃくせいもうそう》し、臣君《しんくん》・太子《たいし》・王子・百官共に是非を生ぜん。天地怪異《けい》し、二十八宿《にじゅうはっしゅく》、星道《せいどう》、日月《にちがつ》、時を失い度《ど》を失い、多く賊の起ること有らん」と。亦云く、「我《われ》今五眼《ごげん》をもて明《あき》らかに三世を見るに、一切の国王は、皆過去の世に五百の仏に侍《つか》えしに由《よ》りて帝王《ていおう》の主《しゅ》と為《な》ることを得たり。是《ここ》を為《もっ》て一切の聖人《しょうにん》・羅漢、而《しか》も為に彼《か》の国土の中に来生《らいしょう》して大利益《だいりやく》を作《な》さん。若《も》し王の福《ふく》尽きん時は、一切の聖人《しょうにん》皆為《こ》れ捨て去らん。若し一切の聖人《しょうにん》去る時は七難必ず起らん」と已上。

薬師経に云く、「若し刹帝利《せっていり》・灌頂王等《かんじょうおうとう》の災難起らん時、所謂人衆疾疫《いわゆるにんしゅしつえき》の難・他国侵《しん》逼《ぴっ》の難・自界叛逆《じかいほんぎゃく》の難・星宿変怪《せいしゅくへんげ》の難・日月薄蝕《にちがつはくしょく》の難・非時《ひじ》風雨の難・過時不雨《かじふう》の難あらん」と已上。

仁王経に云く、「大王《だいおう》、吾《わ》が今化《け》する所の百億の須弥《しゅみ》、百億の日月《にちがつ》あり。一一の須弥に四天下《してんげ》有り。其《そ》の南閻浮提《なんえんぶだい》に十六の大国・五百の中国・十千の小国有り。其《そ》の国土の中に七の畏《おそ》るべき難有り。一切の国王是《これ》を難と為《な》すが故に。云何《いか》なるを難と為す。日月度《にちがつど》を失い、時節反逆《ほんぎゃく》し、或《あるい》は赤日《しゃくにち》出で、黒日《こくにち》出で、二、三、四、五の日出で、或は日蝕《にっしょく》して光無く、或は日輪一重《にちりんいちじゅう》二、三、四、五重輪《じゅうりん》現ずるを、一の難と為すなり。二十八宿度《にじゅうはっしゅくど》を失い、金星《きんせい》・彗《すい》星・輪《りん》星・鬼《き》星・火《か》星・水《すい》星・風《ふう》星・刁《ちょう》星・南斗《なんと》・北《ほく》斗《と》・五鎮《ごちん》の大星《たいせい》・一切の国主《こくしゅ》星・三公《さんこう》星・百官《ひゃくかん》星、是《かく》の如き諸星各各変現《しょせいおのおのへんげん》するを二の難と為《な》すなり。大火国《くに》を焼き、万姓《ばんせい》を焼き尽し、或は鬼火《きか》・龍火《りゅうか》・天火《てんか》・山神火《さんじんか》・人《じん》火《か》・樹木火《じゅもくか》・賊火《ぞくか》あらん。是の如く変怪《へんげ》するを三の難と為すなり。大水百姓《たいすいひゃくせい》を漂没《ひょうもつ》し、時節反逆《ほんぎゃく》して冬雨《ふゆあめ》ふり夏雪ふり、冬の時に雷電霹靂《らいでんへきれき》し、六月に氷霜雹《ひょうそうはく》を雨《ふ》らし、赤水《しゃくすい》・黒《こく》水・青《しょう》水を雨らし、土山《どせん》・石《しゃく》山を雨らし、沙《しゃ》・礫《りゃく》・石《しゃく》を雨らし、江河《こうが》逆《さかさま》に流れ、山を浮べ石を流す。是の如く変ずる時を四の難と為《な》すなり。大風万姓《たいふうばんせい》を吹き殺《ころ》し、国土・山河・樹木一時に滅没《めつもつ》し、非時《ひじ》の大風《たいふう》・黒《こく》風・赤《しゃく》風・青《しょう》風・天風《てんぷう》・地風《ちふう》・火風・水風あらん、是の如く変ずるを五の難と為すなり。天地国土亢陽《こうよう》し、炎火洞然《えんかどうねん》して百草亢旱《こうかん》し、五穀《ごこく》登《みの》らず、土地赫燃《かくねん》して万姓滅尽せん。是《かく》の如く変ずる時を六の難と為すなり。四方の賊来《きた》りて国を侵《おか》し、内外《ないげ》の賊起り、火賊《かぞく》・水《すい》賊・風賊・鬼《き》賊ありて百姓荒乱《こうらん》し、刀兵劫《とうひょうこう》起らん。是《かく》の如く怪《け》する時を七の難と為すなり」と。

大集経《だいじっきょう》に云く、「若《も》し国王有りて、無量世において施《せ》・戒《かい》・恵《え》を修《しゅ》すとも、我《わ》が法の滅せんを見て捨てて擁護《おうご》せざれば、是《かく》の如く種《う》うる所の無量の善根《ぜんごん》、悉く皆滅失して、其《そ》の国当《まさ》に三の不祥《ふしょう》の事《じ》有るべし。一には穀実《こくじつ》、二には兵革《ひょうがく》、三には疫病《えきびょう》なり。一切の善神《ぜんじん》悉く之を捨離《しゃり》せば、其の王教令《きょうりょう》すとも人随従《ひとずいじゅう》せず、常に隣国《りんごく》の為《ため》に侵嬈《しんにょう》せられん。暴火《ぼうか》横《ほしいまま》に起り、悪風雨《あくふうう》多く、暴水増長《ぼうすいぞうちょう》して人民を吹漂《すいひょう》し、内外《ないげ》の親戚《しんせき》其れ共に謀叛《むほん》せん。其《そ》の王久しからずして当《まさ》に重病に遇い、寿終《じゅしゅう》の後《のち》大地獄の中に生ずべし。乃至《ないし》、王の如く、夫人《ぶにん》・太子・大臣・城主・柱師《ちゅうし》・郡守《ぐんしゅ》・宰官《さいかん》も亦《また》復是《かく》の如くならん」と已上。

夫《そ》れ四経《しきょう》の文朗《もんあき》らかなり。万人《ばんにん》誰か疑わん。而るに盲瞽《もうこ》の輩《ともがら》、迷惑《めいわく》の人《ひと》、妄《みだ》りに邪説を信じて正教《しょうきょう》を弁《わきま》えず。故に天下世上《せじょう》、諸仏衆経《しょぶつしゅきょう》において捨離《しゃり》の心を生じて、擁《おう》護《ご》の志《こころざし》無し。仍《よ》って、善神《ぜんじん》・聖人《しょうにん》国を捨て所を去る。是《ここ》を以て悪鬼《あっき》・外道《げどう》、災を成《な》し難を致すなり。

【現代語訳】

客はいった。

「天下の災害と国中の災難は、私だけが嘆いているのではない。ひとりとしてそれを悲しまぬ者はない。いま立派なお方の室に入ってはじめて尊い言葉を承るに、善神と聖人が国土を去ったために災難が続発しているというあなたの主張は、どの経典に出ているものであろうか。ぜひその根拠をお聞かせいただきたい。」

主人は答えた。

「典拠となる経文はたくさんあり、証拠はいくらでも挙げることができる。『金光明経』には次のように説かれている。「国土にこの経があっても、まだ流布していない。人々はこれを捨て去って顧みようとせず、聴聞したいという気持をもたない。供養したり、尊重したり、誉め讃えたりすることもない。道俗の男女が持経者をみても、やはり尊重したり、供養したりすることがない。その結果、我ら四天王とその従者、及び無数の諸天は、このはなはだ奥深いすぐれた教えを聴くことができなくなり、甘露の法味を忘れて正法から遠ざかり、ついに威光と勢力を失ってしまうことになる。地獄や餓鬼・畜生といった悪道が増長し、人間と天の世界は損なわれ、人はだれもが六道輪廻《ろくどうりんね》の川に墜《お》ちて、涅槃に至る道に背くことになるであろう。

釈尊よ、我ら四天王とその従者、及び夜叉はこうした事態に直面してこの国土を見捨て、擁護しようとする心をもたないであろう。ただ我らだけが国王を捨て去るのではない。数えきれないほどの国土守護の善神も、ひとり残らずそうするだろう。そのとき国には災禍が相次ぎ、国王は位を失うだろう。あらゆる衆生は善なる心を忘れ、煩悩の赴くまま殺害や闘争を繰り返し、互いに謗《そし》りあるいはへつらって、無辜《むこ》の者を罪に陥れることだろう。疫病が流行し、彗星はしきりに現れ、天には二つの日が並び、日月の蝕が頻発し、白黒二色の不吉な虹が出現し、星が流れ地が動いて、井戸のなかから不気味な声が響くであろう。時ならぬ暴風雨がたびたび起こり、飢饉が日常化し、作物は実りをつけなくなるだろう。多くの他国の賊が国内を侵略し、人々は筆舌に尽くせないほどの苦悩を受け、安心して暮らせる地はこの世から失われてしまうだろう。」

『大集経』には次のように説かれている。「仏宝・法宝が隠没してしまったならば、僧は戒に背いてみな鬚《ひげ》や髪や爪を長く伸ばし、さまざまな教えもみな忘れ去られてしまうであろう。そのとき虚空から大きな声が響いて大地を震わせ、あらゆるものが水車のごとく揺れ動くであろう。城壁は破れて崩れ落ち、建物はすべて倒壊し、木々は根と枝葉を失い、華葉と果実、及びその滋味も尽き果てるであろう。浄居天を除いて、この欲界のすべての場所から人々を養う七味と三精気が消え去るであろう。人々を解脱に導くもろもろの善き教えも、このときにあたって一切消滅する。果実は実を結ぶこと少なく、その味わいもよくない。あらゆる井戸や泉は一つ残らず涸渇し、水分の失われた土地には塩が吹き出し、裂けて丘や谷となるであろう。山肌は日差しに焼かれ、天龍は雨を降らすことなく、苗はみな日に焦げ、生えていた草もすべて枯れ果てて、一本の雑草すら育たなくなるだろう。

砂塵が雨のように舞い、世は暗闇に閉ざされ、日月の光も届くことがない。四方はみな干上がり、しばしば凶兆が現れ、十悪や三毒が倍増し、人々は自分の父母にさえも冷淡なまなざししか向けなくなる。衆生は長寿や健康から遠ざかり、威儀や快楽は失われ、人間界や天界に生まれる喜びも消えて、一人残らず悪道に堕ちるだろう。不善業を背負った悪王と悪僧が、私が受持するところの正法を破り、天の道・人の道を損なうだろう。衆生を憐れむ諸天善神はこの濁悪の国を見捨てて、ことごとく他の地に向かうであろう。」

『仁王経』には次のように説かれている。「国土が乱れるときにはまず鬼神が乱れる。鬼神が乱れるゆえに、万民が乱れる。賊が来襲して国を脅かし、人々は命を落とし、国王・太子・王子・百官は互いに激しく争うだろう。天変地異が起こり、日月・星座も時節に反した不規則な運行を繰り返し、賊が一斉に蜂起するだろう。」

『仁王経』には、また次のように説かれている。「いますべてを見通すことのできる曇りなき眼をもって過去・現在・未来をみるに、あらゆる国王はみな過去世に五百の仏に仕えた功《く》徳《どく》によって、帝王となることができた。このため、一切の聖人・賢者もかの国王のためにその国土に生まれて、大いなる利益を施すだろう。もし王の福運が尽きたときには、一切の聖人はみなその国を捨て去ってしまうだろう。一切の聖人が去ってしまえば、必ずや七難が襲い来るであろう。」

『薬師経』には次のように説かれている。「もし王族や国王が仏の教えをないがしろにしたことによって国土に災難が降りかかるときには、人衆疾疫の難（疫病の流行）・他国侵逼の難（外国の侵略）・自界叛逆の難（内乱）・星宿変怪の難（星の運行の乱れ）・日月薄蝕の難（日蝕月蝕）・非時風雨の難（時ならぬ暴風雨）・過時不雨（日照り）の七難が襲い来るだろう。」

『仁王経』には次のように説かれている。「大王よ、私が教化するところの百億の須弥山《しゅみせん》・百億の日月の世界では、それぞれの須弥山を中心に、東西南北の四方に四つの大陸がある。南方に位置する南閻浮提には、十六の大国、五百の中国、一万の小国がある。その国土のなかに、七つのおそるべき災難がある。どの国王もこれを脅威とみなす。

何をもって災難というのか。日月の運行が乱れ、季節が不順となり、赤い太陽、黒い太陽、二・三・四・五の太陽が現れたり、太陽が日蝕で光を失ったり、日輪に幾重もの輪ができたりすることを、第一の難とするのである。

二十八宿の星座の運行が乱れ、金星・彗星・輪星・鬼星・火星・水星・風星・刁星・南斗・北斗・土星・一切の国主星・三公星・百官星といった諸星が変異を示すことを、第二の難とするのである。大火が起こって国を焼き、万民を焼き尽くし、あるいは鬼火・龍火・天火・山神火・人火・樹木火・賊火などの不審火がしきりに起こる。こういった怪異現象を第三の難とするのである。

洪水が人々を流し去り、時節が逆転して、冬に雨、夏に雪が降る。また冬に雷が鳴って落雷があり、夏に氷が張ったり霜・雹《あられ》が降ったりする。赤や黒や青い色をした雨が降り、土の山・石の山が降り、砂や礫《つぶて》や石が雨のごとく降り、大河が逆流し山を浮かべ石を押しながす。こうした変異を第四の難とするのである。大風が激しく吹いて人々を殺し、国土・山河・樹木が瞬時に壊滅し、時ならぬ大風・黒風・赤風・青風・天風・地風・火風・水風が吹き荒れるのを第五の難とするのである。

国土が干上がり、炎熱は地を貫いて燃え盛り、あらゆる草は枯れ果てて五穀は実りを失い、大地は焼け焦がれて万民は一人残らず滅び去ってしまう。これを第六の難とするのである。四方の賊が来襲して国を侵し、国の内外で賊が蜂起する。火賊・水賊・風賊・鬼賊が現れて人民の生活は荒廃し、戦乱が続発する。このような現象を第七の難とするのである。」

『大集経《だいじっきょう》』には次のように説かれている。「もし国王がいて、その王が数えきれないほどの過去世において布施・持戒・智恵の修行を積んできたとしても、我が仏法が滅び去ろうとするのを見捨てて守ろうとしないならば、それまで積み重ねてきた無量の善根はすべて消滅し、その国に三つの不祥事が起こるであろう。一つは飢饉、二つには兵乱、三つには疫病である。一切の善神がみなその国を捨ててしまったならば、いかにその王が命令しても人民は従うことなく、常に隣国の侵略にさらされるであろう。猛火が頻発し、暴風雨が重なり、洪水が起こって人々を流し去り、内外の親しき者たちがみな謀反を起こすだろう。王自身もまもなく重病を身に受け、死後は大地獄に生まれるであろう。王だけでなく、夫人・太子・大臣・城主・師匠・郡守・役人もみな同じ運命を辿ることだろう。」

以上、四つの経典の説くところは明白である。いったいだれが疑うことができようか。にもかかわらず、目を閉ざし耳を塞いでそれを無視しようとする者、心の迷える者たちは、妄《みだ》りに邪説を信じて正しい教えを受け入れようとしない。世間の人々は、諸仏や諸経を遠ざけようとする気持だけを起こし、だれもそれを護持しようという心をもたない。そのため善神や聖人は国を捨てて去ってしまい、その隙《すき》をついて、悪鬼と外道が災いをなし、難をもたらすのである。」

【語釈】

○**「国土にこの経があっても……この世から失われてしまうだろう」**　『金光明最勝王経』四天王護国品（義浄訳）の文（正蔵一六、四二九頁下〜三〇頁上）。

○**六道輪廻**　迷いの世界である地獄・餓鬼・畜生・修羅・人・天の六つを巡りながら、生死を繰り返すこと。

○**四天王**　仏教の守護神の代表的存在。持国天《じこくてん》・広目天《こうもくてん》・増長天《ぞうじようてん》・多聞天《たもんてん》をいう。閻浮提《えんぶだい》の中心にある須弥山《しゆみせん》の中腹にあって、この国土を監視する。

○**夜叉**　薬叉とも書く。仏教護持の八部衆の一つ。毘沙門天《びしゃもんてん》（多聞天）の眷属《けんぞく》として、衆生を守るとされる。

○**「仏宝・法宝が隠没してしまったならば……ことごとく他の地に向かうであろう」**『大方等大集経』月蔵分、法滅尽品（曇無讖《どんむせん》訳）の文（正蔵一三、三七九頁中）。

○**浄居天**　三界（欲界・色界・無色界）のうち色界に属し、下位の欲界に帰ることのない聖者の住所。

○**七味**　甘・辛・酸・苦・鹹《かん》・渋・淡の七つ。

○**三精気**　地味・衆生味・法醍醐味。大地・衆生・仏法のもつ生命力。

○**十悪**　十の悪い行為。殺生《せっしょう》・偸盗《ちゅうとう》・邪淫・妄語・綺語・悪口《あっく》・両舌・貪欲・瞋恚《しんに》・邪見。

○**三毒**　三つの煩悩。貪《とん》・瞋《じん》・癡《ち》をいう。

○**「国土が乱れるときには……賊が一斉に蜂起するだろう」**『仁王般若波羅蜜経』（鳩摩羅什訳）護国品の文（正蔵八、八三〇頁上）。

○**「いますべてを見通すことのできる……必ずや七難が襲い来るであろう」**『仁王般若波羅蜜経』受持品の文（正蔵八、八三三頁上）。

○**「もし王族や国王が……七難が襲い来るだろう」**『薬師琉璃光如来本願功徳経』の文（正蔵一四、四〇七頁下）。

○**「大王よ……第七の難とするのである」**『仁王般若波羅蜜経』受持品の文（正蔵八、八三二頁

中〜下）。この七難は日蓮が尊敬する最澄も『顕戒論』に引用する（伝全一、三五〜三八頁）

○**百億の須弥山・百億の日月**　仏教でいう三千大千世界の範囲。これらの世界が釈迦の教化の対象とされる。

○**南閻浮提**　具体的にはインドをイメージするといわれる。仏教の世界観では、日本はこの大陸の東北の海中に位置する、粟粒のごとき辺境の小島（「粟散辺土《ぞくさんへんど》」）とされる。

○**どの国王もこれを脅威とみなす**　このあと経典では、「そのゆえに、般若波羅蜜を講読して、七難即滅、七福即生」を祈る、といった言葉が続く。

○**二十八宿**　古代アジアで行われた天道説。二十八の星座を設定し、その星の動きで吉凶を占う。奈良県の高松塚古墳には、他の星座とともにこの二十八宿が描かれている。

○**「もし国王がいて……同じ運命を辿ることだろう」**　『大方等大集経』虚空目分、護法品の文（正蔵一三、一七三頁上）。

【解説】

現実の厚い壁の前に万策尽きた感のある客は、災害の原因が「善神捨国」「聖人辞所」にあるとする主人の言葉に、友好的な立場から強い興味を示した。その上で、主人の主張の根拠を問うのである。

これに対し、主人は『金光明経』『仁王経』『大集経』『薬師経』という四つの経典から、災害の原因として善神と聖人が国を見捨てることを説く部分を引用して、自説を補強するのである。

およそ前近代において、その歴史観は地域や民族を問わず、はじめに理想の世がありそれが時代とともに衰退していくという下降史観が主流を占めていた。理想の高みを目指して歴史が際限なく進化するという進歩史観は、すぐれて近代的なものだった。下降史観をとるという点においては、仏教も例外ではない。ここで引用された四経典は、いずれも大乗仏教の範疇に含められるものであり、しかもその後期に成立したものだった。すでに釈迦が亡くなって長い年月がたち、さまざまな終末的現象が生起し、仏教に対する弾圧も行われるようになっていた。経典制作者たちはそうした現象をまのあたりにして、強い危機感に捕われた。そのため、これらの経典にはいっそう濃厚な終末論を見て取ることができる。日蓮が引用している部分もそういう箇所だった。

その際、興味を惹《ひ》かれるのは、法滅後に起こるという災害の描写に、経典の制作された地域の特性が具体的に反映しているとみえる場面があることである。たとえば、『大集経』の、「あらゆる井戸や泉は一つ残らず涸渇し、水分の失われた土地には塩が吹き出し……」といった光景は、北インドや西域の乾燥地帯などによくみられる現象である。

主人は災害の由来を問う客に対し、災害の原因として善神捨国・聖人辞所をあげた。このうち善神捨国は「神天上」ともいい、日蓮の独自の観念としてよく知られている。しかし、神が国土を見捨てるという考え方は、ここに引用された経文にもみえるように、経典そのものに説かれていたことである。また、日本でも中世には、「諸天がその国を棄てて去る」(『拾珠抄《しゅうじゅしょう》』)、「善神国を去る」(『天地《てんち》神祇《じんぎ》審鎮要記《しんちんようき》』)といった言葉をはじめ、しばしばみうけられるものであった。善神捨国の思想は日蓮のオリジナルというよりは、むしろ時代の思潮だったのである[佐藤弘夫二〇〇〇]。

それゆえ私たちは、日蓮の善神捨国の意義を問おうとするとき、いたずらにその独創性を言い立てるのではなく、同時代の善神捨国の観念と対比しながら日蓮のそれの特色を探る、という方向で考えていく必要がある。

第三段

【読み下し】

客色《いろ》を作《な》して曰く、後漢《ごかん》の明帝《めいてい》は金人《きんじん》の夢を悟りて白馬《はくば》の教《きょう》を得《え》、上宮太子《じょうぐうたいし》は守屋《もりや》の逆《ぎゃく》を誅《ちゅう》して寺塔の構《かまえ》を成《な》す。爾《しか》しより来《このかた》、上一人《かみいちにん》より下万民《しもばんみん》に至るまで、仏像を崇《あが》め経巻《きょうがん》を専《もっぱ》らにす。然れば則ち叡山《えいざん》・南都《なんと》・園城《おんじょう》・東寺《とうじ》、四海・一州・五畿《ごき》・七道、仏経星のごとく羅《つら》なり堂宇《どうう》雲のごとく布《し》けり。鶖子《しゅうし》の族《やから》は則ち鷲頭《じゅとう》の月《つき》を観《かん》じ、鶴勒《かくろく》の流《たぐい》は亦鶏足《またけいそく》の風《ふう》を伝う。誰《たれ》か一代の教《きょう》を褊《さみ》し三宝《さんぼう》の跡《あと》を廃《はい》すと謂《い》わんや。若《も》し其《そ》の証《しょう》有らば委《くわ》しく其の故《ゆえ》を聞かん。

主人喩《さと》して曰く、仏閣《ぶっかく》甍《いらか》を連《つら》ね経蔵軒《きょうぞうのき》を並《なら》べ、僧は竹葦《ちくい》の如く侶《りょ》は稲麻《とうま》に似たり。崇《そう》重年旧《じゅうとしふ》り尊貴《そんき》日《ひび》に新《あらた》なり。但し、法師は諂曲《てんごく》にして人倫《じんりん》に迷惑し、王臣は不覚《ふかく》にして邪正《じゃしょう》を弁《わきま》えること無し。

仁王経《にんのうきょう》に云《いわ》く、「諸《もろもろ》の悪比丘《あくびく》、多く名利《みょうり》を求め、国王・太子・王子の前において、自《みずか》ら破仏法《はぶっぽう》の因縁《いんねん》・破国《はこく》の因縁を説かん。其の王別《わきま》えずして此の語《ことば》を信聴《しんちょう》し、横《ほしいまま》に法制を作りて仏戒に依らず。是《これ》を破仏《はぶつ》・破国の因縁と為す」と已上。

涅槃経《ねはんぎょう》に云く、「菩薩《ぼさつ》、悪象等《あくぞうとう》に於《おい》ては心に恐怖《くふ》すること無かれ。悪知識《あくちしき》においては怖畏《ふい》の心を生ぜよ。悪象の為《ため》に殺されては三趣《さんしゅ》に至らず。悪友の為に殺されては必ず三趣に至る」と已上。

法華経に云く、「悪世の中の比丘は、邪智にして心諂曲《こころてんごく》に、未だ得《え》ざるを為《こ》れ得《え》たりと謂《おも》い、我慢の心充満せん。或《あるい》は阿練若《あれんにゃ》に、納衣《のうえ》にして空閑《くうげん》に在《あ》って、自《みずか》ら真の道《どう》を行《ぎょう》ずと謂《おも》うて、人間を軽賤《きょうせん》する者あらん。利養に貪著《とんじゃく》するが故に、白衣《びゃくえ》の与《ため》に法を説いて、世に恭敬《くぎょう》せらるること、六通《ろくつう》の羅漢《らかん》の如くならん。乃至、常に大衆《だいしゅ》の中に在《あ》って、我等《われら》を毀《そ》らんと欲するが故に、国王・大臣・婆羅門《ばらもん》・居士《こじ》、及び余の比丘衆《びくしゅ》に向って、誹謗《ひほう》して我が悪を説いて、是れ邪見《じゃけん》の人、外道《げどう》の論議を説くと謂《い》わん。濁劫《じょっこう》悪世の中には、多く諸の恐怖《くふ》あらん。悪鬼《あっき》其の身《み》に入《い》って、我《われ》を罵詈毀辱《めりきにく》せん。濁世《じょくせ》の悪比丘は、仏《ほとけ》の方便、随宜所説《ずいぎしょせつ》の法を知らず、悪口《あっく》して顰蹙《ひんじゅく》し、数数《しばしば》擯出《ひんずい》せられん」と已上。

涅槃経に云く、「我《われ》涅槃の後《のち》、無量百歳に四道《しどう》の聖人《しょうにん》悉《ことごと》く復《また》涅槃せん。正法《しょうぼう》滅して後、像法《ぞうぼう》の中に於て当《まさ》に比丘有るべし。像《かたち》を持律《じりつ》に似せ少《わず》かに経を読誦《どくじゅ》し、飲食《おんじき》を貪《とん》嗜《し》し、其の身《み》を長養《ちょうよう》し、袈裟《けさ》を著《ちゃく》すと雖《いえど》も、猶《なお》猟師の細めに視《み》て徐《おもむろ》に行くが如く、猫の鼠《ねずみ》を伺うが如し。常に是《こ》の言《ことば》を唱えん、我《われ》、羅漢を得たりと。外《そと》には賢善《けんぜん》を現じ、内には貪嫉《とんしつ》を懐《いだ》かん。唖法《あほう》を受けたる婆羅門等の如し。実には沙門《しゃもん》に非《あら》ずして沙門の像《かたち》を現《げん》じ、邪見熾盛《しじょう》にして正法を誹謗せん」と已上。文《もん》に就《つ》きて世を見るに誠に以《もっ》て然《しか》なり。悪侶《あくりょ》を誡《いまし》めざれば豈《あに》善事《ぜんじ》を成《じょう》ぜんや。

【現代語訳】

ここまで聞いて、客は顔色を変え、怒りをあらわにしていった。

「後漢の明帝は金人を夢に見て仏法を天竺に尋ね求め、聖徳太子は反逆者物部守屋《もののべのもりや》を誅して四天王寺を造立した。それ以来この国では、上は天皇から下は万民に至るまで仏像を崇め、経典を尊重してきた。そしていまや比叡山・南都・園城寺《おんじょうじ》・東寺《とうじ》をはじめ全国津々浦々に、経典は夜空の星のごとく連なりきらめき、堂舎は雲のごとくに敷き満ちている。仏弟子のなかで智恵第一だった舎利弗《しゃりほつ》を慕う者たちは、霊鷲山《りょうじゅせん》の月を思って智恵を磨き、鶴勒那夜奢《かくろくなやしゃ》の流れを汲むものは頭陀《ずだ》第一の迦葉《かしょう》が没した鶏足山《けいそくせん》を偲びながら、禅の修行に余念がない。これほど仏法が繁栄しているにもかかわらず、あなたは一体だれを指して、釈迦一代の教えを乱し三宝を廃《すた》れさせているというのか。証拠があるというならば、詳しく聞こうではないか。」

主人は諭していった。

「確かにあなたのおっしゃる通り、仏閣は甍を連ね、経蔵は軒を並べている。僧侶の数は竹や葦、稲や麻に劣らないほど多い。仏法に対する人々の崇敬はすでに歳を重ね、尊敬の念は強まりこそすれ少しも衰えることはない。しかし、その法師たちはといえば媚《こ》びへつらって人を惑わし、国王・臣下は無能であって、仏法の邪正を見分けることができない。

このことに関して『仁王経』には、次のように説かれている。「もろもろの悪侶が多く名誉と利益のみを求め、国王や太子・王子らに接近しては、仏法を滅ぼし国を滅ぼす元凶となる話をするだろう。王は是非を判断できずにその言葉を鵜呑みにし、恣意《しい》の赴くままに俗法を制定して僧を統制し、戒律を尊重することがない。これを、仏法を滅ぼし国を滅ぼす元凶というのである。」

『涅槃経』には次のように説かれている。「菩薩よ、凶暴な象は少しも恐れる必要はない。真に恐るべきは悪へと導く師である。悪象に踏み殺されても三悪道《さんあくどう》に堕ちることはないが、悪知識にだまされて殺されたものは、必ず三悪道に堕ちるからである。」

『法華経』には次のように説かれている。「悪世に生きる僧は、悪知恵が発達して心は媚びへつらい、まだ悟りをえていないのに悟ったと思い込むような、高慢な気持に満ちている。あるいは山林に住み、あるいは粗末な袈裟を着し静閑な地に住んで、自身を仏の正道を実践するものと頼んで、在俗の人々を見下し卑しめる者がいるだろう。あさましくも利益に執着する彼らは、在家のためにもっともらしく法を説いて、六神通《ろくじんずう》をえた阿羅漢のごとく世の人々から敬われるであろう。（中略）彼らはいつも大衆のなかにあって、真の法華経の行者である我らを謗《そし》らんがために、国王・大臣・バラモン・在家信者、ならびに他の僧らに向かって我らを誹謗し、その悪口をいいふらし、この者たちは誤った思想に凝り固まった人間で、外道の教えを説くものであるというだろう。汚れに満ちた時代、悪に染まった世には、さまざまな恐怖があるだろう。悪鬼が悪僧の身に入って我らを罵《ののし》り、辱《はずかし》めようとするだろう。濁り切った世に生きる悪僧は仏が相手の能力に応じて法を説くことを知らず、方便の教えに執着して、正法を受持する者を非難しては顔をしかめ、しばしば我らを追放しようと試みるだろう。」

『涅槃経』には次のように説かれている。「私が涅槃に入ったのち幾百年もの歳月が過ぎて、悟りを得るための四つの道を修得した聖人たちもまた、ことごとく涅槃に入るであろう。正法が滅び去ったあとの像法の世において、僧と自称する者たちが出現するだろう。彼らは一見戒律をたもっているようにみえるが、わずかに経を読誦はしても、実態は食物をむさぼってその身を養うだけであり、袈裟こそ着てはいるものの、その様子はあたかも猟師がひそかに獲物を窺い、猫が鼠をねらうようである。彼らは口癖のようにこういうだろう。「私は聖者の悟りをえた」と。しかし、外面はりっぱそうにみえても、内心はむさぼりと嫉《ねた》みの心に満ちている。外面だけ威厳を取り繕ったその様子は、あたかも無言の行をなすバラモンのようである。彼らは実は僧ではなく、その形を真似たにすぎない。よこしまな思いをいだいて正法を誹謗するであろう。」

これらの経文に照らして世の中を見るに、まさにそこに説かれるとおりではないか。悪僧を誡めることなくして、どうして善事を成就することができようか。」

【語釈】

○**金人を夢に見て**　永平一〇年（六七）の中国（漢）への仏教伝来にまつわるエピソード。後漢の明帝が身の丈《たけ》一丈六尺の「金人」を夢見た。臣下に問うたところ、それは仏といわれるものに違いないという答えがあった。そこで明帝は使者を天竺《てんじく》に派遣して、仏教を中国にもたらした、と伝える（『出三蔵記集《しゅつさんぞうきしゅう》』正蔵五五、四二頁下）。

○**物部守屋を誅して**　六世紀に百済から仏教が伝えられると、その受容の可否を巡って争いが生じた。用明二年（五八七）、聖徳太子は蘇我馬子とともに、排仏派の中心物部守屋を敗死させた。

○**南都**　奈良をいう。この時代に南都といえば、興福寺・東大寺などの大寺院を指した。比叡山（北嶺）と並んで仏教界の二大勢力をなした。

○**舎利弗**　釈迦の十大弟子の一人。智恵第一として知られる。『法華経』の対告衆《たいごうしゅ》。

○**霊鷲山**　中インド、マガダ国にある山。法華経が説かれた地。

○**鶴勒那夜奢**　インドの付法相承《ふほうそうしょう》の二三祖。禅宗の法統に位置づけられる。

○**迦葉**　釈迦の十大弟子の一人。頭陀《ずだ》第一とされる。禅宗でことに崇重される人物。

○**鶏足山**　中インド、マガダ国にある山。

○**「もろもろの悪侶が……元凶というのである」**『仁王般若波羅蜜経』嘱累品の文（正蔵八、八三三頁下）。

○**「菩薩よ、凶暴な象は……三悪道に堕ちるからである」**『大般《だいはつ》涅槃経』光明遍照高貴徳王菩薩品（曇無《どんむ》讖《しん》訳）の文（正蔵一二、四九七頁下）。

○**悪知識**　誤った教えを説いて、人を邪見に陥れる人物。

○**三悪道**　地獄・餓鬼・畜生の三つの世界。

○**「悪世に生きる僧は……追放しようと試みるだろう」**『妙法蓮華経』勧持品の文（正蔵九、三六頁中～下）。

○**六神通**　六つの超人的能力。神足《じんそく》・天眼《てんげん》・天耳《てんに》・他心《たしん》・宿命《しゅくみょう》・漏尽《ろじん》。

○**阿羅漢**　小乗の悟りをえた聖者。

○**バラモン**　インドのカースト制度の最上位に位置する階級。バラモン教の司祭者としての役割を果たす。

○**「私が涅槃に入ったのち……正法を誹謗するであろう」**『大般涅槃経』如来性品の文（正蔵一二、三八六頁中）。

【解説】

和やかにはじまった対話は、ここに至って様相が一変し、両者の間に厳しい緊張が走った。なぜ善神捨国が起こったかについての主人の説明に対し、客は怒りを露《あらわ》にしたからである。

両者の対立は、当時の日本の仏教界の現状をどのようにみるか、という点をめぐってのものだった。客は同時代の日本を仏教全盛の時とみていた。「上は天皇から下は万民に至るまで」人々はみな仏教を信奉し、中央はもとより国土の隅々まで寺々が建ち並び、数多くの僧侶が日夜修行に専心しているという状況が、客の現状認識だったのである。

こうした客の立場からすれば、悪僧が跋扈《ばっこ》し仏教が危機に瀕しているという主人の主張は、容易に受け入れることのできるものではなかった。「一体だれを指して、釈迦一代の教えを乱し三宝を廃れさせているというのか」。――客は語気鋭く主人に詰め寄るのである。

それに対し主人は、当時は一見すると寺院や僧侶の数も多く、仏教繁栄の時のようにみえるが、実は仏教界はすべて悪法によって汚染されていると述べる。その上で証拠として、

『仁王経』『涅槃経』『法華経』から、末世における悪僧の出現を予言する部分を引用する。そこでは、末法の悪世になると、聖人ぶってもっともらしく法を説き、人々の信仰を集める僧が出現するが、彼らはみな偽善者であり、かえって危険な存在であることが強調されているのである。

第四段

【読み下し】

客猶憤《なおいきどお》りて曰《いわ》く、明王《めいおう》は天地に因《よ》りて化《け》を成《な》し、聖人《せいじん》は理非《りひ》を察して世を治む。世《せ》上《じょう》の僧侶は天下の帰する所なり。悪侶《あくりょ》においては明王信ずべからず。聖人に非ずんば賢哲《けんてつ》仰ぐべからず。今賢聖《いまけんせい》の尊重《そんじゅう》せるを以《もっ》て則ち龍像《りゅうぞう》の軽《かろ》からざるを知る。何ぞ妄言《もうげん》を吐きて強《あなが》ちに誹謗《ひほう》を成《な》す。誰人《たれひと》を以て悪比丘《あくびく》と謂《い》うや。委細に聞かんと欲す。

主人曰く、後鳥羽院《ごとばいん》の御宇《ぎょう》に法然《ほうねん》というもの有り、選択集《せんちゃくしゅう》を作れり。則ち一代の聖《しょう》教《ぎょう》を破し遍《あまね》く十方《じっぽう》の衆生《しゅじょう》を迷わす。其の選択に云《いわ》く、「道綽禅師《どうしゃくぜんじ》、聖道《しょうどう》・浄土《じょうど》の二門を立て、聖道を捨てて正《まさ》しく浄土に帰するの文《もん》。初《はじ》めに聖道門とは之《これ》に就《つ》きて二《に》有り。乃至《ないし》、之に准《じゅん》じて之を思うに、応《まさ》に密大及以実大《みつだいおよびじつだい》を存すべし。然れば則ち今の真《しん》言《ごん》・仏心《ぶっしん》・天台《てんだい》・華厳《けごん》・三論《さんろん》・法相《ほっそう》・地論《じろん》・摂論《しょうろん》、此等《これら》八家《はっけ》の意《い》、正しく此《ここ》に在るなり。曇鸞法師《どんらんほっし》の往生論註《おうじょうろんちゅう》に云く、謹んで龍樹菩薩《りゅうじゅぼさつ》の十住毘婆沙《じゅうじゅうびばしゃ》を案ずるに云く、菩薩、阿毘跋致《あびばっち》を求むるに二種の道有り。一には難行道《なんぎょうどう》、二には易行道《いぎょうどう》なり。此《こ》の中《なか》に難行道とは即ち是れ聖道門なり。易行道とは即ち是れ浄土門なり。浄土宗の学者、先《ま》ず須《すべか》らく此《こ》の旨《むね》を知るべし。設《たと》い先《さき》より聖道門を学ぶ人なりと雖《いえど》も、若《も》し浄土門において其の志《こころざし》有らば、須《すべか》らく聖道《しょうどう》を棄《す》てて浄土に帰すべし」と。又云く、「善導和《ぜんどうわ》尚《じょう》、正《しょう》・雑二行《ぞうにぎょう》を立て、雑行《ぞうぎょう》を捨てて正行《しょうぎょう》に帰するの文《もん》。第一に読誦雑行《どくじゅぞうぎょう》とは、上《かみ》の観経等《かんぎょうとう》の往生《おうじょう》浄土の経を除《のぞ》きて已外《いげ》、大小乗、顕密《けんみつ》の諸経に於て受持《じゅじ》・読誦するを悉《ことごと》く読誦雑行と名《なづ》く。第三に礼拝雑行《らいはいぞうぎょう》とは、上《かみ》の弥陀《みだ》を礼拝するを除きて已外《いげ》、一切の諸仏・菩薩等、及び諸《もろもろ》の世《せ》天《てん》等において礼拝恭敬《らいはいくぎょう》するを悉く礼拝雑行と名《なづ》く。私《わたくし》に云く、此《こ》の文《もん》を見るに、須《すべか》らく雑《ぞう》を捨てて専《せん》を修《しゅ》すべし。豈百即百生《あにひゃくそくひゃくしょう》の専修《せんじゅ》正行《しょうぎょう》を捨てて、堅く千中無一《せんちゅうむいち》の雑修雑行《ざつしゅぞうぎょう》に執《しゅう》せんや。行者《ぎょうじゃ》能く之《これ》を思量せよ」と。又云く「貞元入蔵録《じょうげんにゅうぞうろく》の中に、始め大般若経《だいはんにゃきょう》六百巻より法常住経《ほうじょうじゅうきょう》に終るまで、顕密の大乗経惣じて六百三十七部二千八百八十三巻なり。皆須《すべか》らく読誦大乗の一句に摂《せっ》すべし。当《まさ》に知るべし、随他《ずいた》の前には暫《しばら》く定散《じょうさん》の門を開くと雖も、随自《ずいじ》の後《のち》には還《かえ》りて定散の門を閉《と》ず。一《ひと》たび開きて以後永く閉じざるは唯《ただ》是れ念仏の一門なり」と。又云く、「念仏の行者必ず三心《さんじん》を具足《ぐそく》すべきの文《もん》、観無量寿経《かんむりょうじゅきょう》に云く。同経の疏《しょ》に云く、問うて曰く、若《も》し解行《げぎょう》の不同、邪雑《じゃぞう》の人等《ひとら》有って外邪異見《げじゃいけん》の難を防がん。或は行くこと一分二分《いちぶんにぶん》にして群賊等《ぐんぞくら》喚《よ》び廻《かえ》すとは、即ち別解《べつげ》・別行《べつぎょう》の悪見《あっけん》の人等《ひとら》に喩《たと》う。私《わたくし》に云く、又此《こ》の中に一切の別解・別行・異学《いがく》・異見等《とう》と言うは、是《こ》れ聖道門《しょうどうもん》を指すなり」と已上。又最後結句《けつく》の文に云く、「夫《そ》れ速《すみや》かに生死《しょうじ》を離れんと欲せば、二種の勝法《しょうぼう》の中に且《しばら》く聖道門を閣《さしお》きて、選《えら》びて浄土門に入《い》れ。浄土門に入らんと欲せば、正《しょう》・雑《ぞう》二行の中に且《しばら》く諸《もろもろ》の雑行《ぞうぎょう》を抛《なげう》ちて、選びて応《まさ》に正行に帰すべし」と已上。之《これ》に就《つ》きて之を見るに、曇鸞《どんらん》・道綽《どうしゃく》・善導《ぜんどう》の謬釈《びゅうしゃく》を引きて、聖道《しょうどう》・浄土《じょうど》、難行《なんぎょう》・易《い》行《ぎょう》の旨《むね》を建《た》て、法華《ほっけ》・真言《しんごん》惣じて一代の大乗六百三十七部二千八百八十三巻、一切の諸仏菩薩及び諸《もろもろ》の世天《せてん》等を以て、皆聖道・難行・雑行等《ぞうぎょうとう》に摂《せっ》して、或《あるい》は捨て、或は閉じ、或は閣《さしお》き、或は抛《なげう》つ。此の四字を以て多く一切を迷わし、剰《あまつさ》え三国の聖僧《しょうそう》・十方の仏弟《ぶってい》を以《もっ》て、皆群賊《みなぐんぞく》と号し、併《あわ》せて罵詈《めり》せしむ。近くは所依《しょえ》の浄土三部経の「唯《ただ》五逆と正法を誹謗《ひぼう》するを除く」の誓文に背き、遠くは一代五時《ごじ》の肝心《かんじん》たる法花経の第二の「若《も》し人信ぜずして此《こ》の経を毀謗《きぼう》せば、乃至《ないし》、其の人命終《みょうじゅう》して阿鼻獄《あびごく》に入《い》らん」の誡文《かいもん》に迷う者なり。是《ここ》において、代末代《よまつだい》に及び人聖人《ひとしょうにん》に非ず。各《おのおの》冥衢《みょうく》に容《い》りて並《ならび》に直道《じきどう》を忘る。悲しきかな、瞳矇《どうもう》を樹《う》たず。痛《いたま》しきかな、徒《いたずら》に邪信《じゃしん》を催《もよお》す。

故《ゆえ》に上《かみ》国王より下土《しもど》民《みん》に至るまで、皆《みな》経は浄土三部の外《ほか》の経無く、仏は弥陀《みだ》三尊《さんぞん》の外の仏無しと謂《おも》えり。仍《よ》りて伝教《でんぎょう》・義《ぎ》真《しん》・慈《じ》覚《かく》・智証《ちしょう》等、或《あるい》は万里《ばんり》の波濤《はとう》を渉《わた》りて渡せし所《ところ》の聖教《しょうぎょう》、或は一朝《いっちょう》の山川《さんせん》を廻《めぐ》りて崇《あが》むる所の仏像、若《も》しくは高山《こうざん》の巓《いただき》に華界《けかい》を建《た》てて以て安置し、若しくは深谷《しんこく》の底《そこ》に蓮宮《れんぐう》を起《た》てて以て崇重《そうじゅう》す。釈迦《しゃか》・薬師《やくし》の光を並《なら》ぶるや威《い》を現当《げんとう》に施し、虚空《こくう》・地蔵の化《け》を成《な》すや益《やく》を生後《しょうご》に被《こうむ》らしむ。故に国主は郡郷《ぐんごう》を寄せて以て灯燭《とうしょく》を明らかにし、地頭は田園を充《あ》てて以て供養に備う。而《しか》るに法然《ほうねん》の選択《せんちゃく》に依りて、則ち教主《きょうしゅ》を忘れて西土《さいど》の仏駄《ぶつだ》を貴《たっと》び、付属を抛《なげう》ちて東方の如来《にょらい》を閣《さしお》き、唯《ただ》四巻三部《しかんさんぶ》の経典を専《もっぱ》らにして空《むな》しく一代五時の妙典《みょうでん》を抛《なげう》つ。是を以《もっ》て、弥《み》陀《だ》の堂に非《あら》ざれば皆供仏《くぶつ》の志を止《とど》め、念仏の者に非ざれば早く施僧《せそう》の懐《おもい》を忘る。故に仏堂零落《れいらく》して瓦松《がしょう》の煙《けむり》老い、僧房《そうぼう》荒廃して庭草《ていそう》の露《つゆ》深し。然《しか》りと雖《いえど》も、各《おのおの》護惜《ごしゃく》の心を捨てて並《ならび》に建立《こんりゅう》の思《おもい》を廃す。是を以て、住持《じゅうじ》の聖僧《しょうそう》行きて帰らず。守護の善神《ぜんじん》去りて来《きた》ること無し。是《こ》れ偏《ひとえ》に法然《ほうねん》の選択《せんちゃく》に依るなり。悲しきかな、数十年の間、百千万の人《ひと》、魔縁《まえん》に蕩《とろか》されて多く仏教に迷えり。謗《ほう》を好みて正《しょう》を忘る。善神怒《ぜんじんいかり》を成《な》さざらんや。円《えん》を捨てて偏《へん》を好む。悪鬼《あっき》便《たより》を得ざらんや。如《し》かず、彼《か》の万祈《ばんき》を修《しゅ》せんより此《こ》の一凶《いっきょう》を禁ぜんには。

【現代語訳】

客はますます憤激していった。

「名君は天地の道理にしたがって教化を施し、聖主は理非曲直を弁別して世を治めるものである。今日、世の僧侶は天下の人々の帰依を集めている。もし彼らが本当にあなたのいうような悪僧でしかなかったならば、名君が帰依するはずがない。聖師でなかったならば、賢哲が尊敬するわけがない。いま賢聖がこぞって崇め貴んでいるという事実によって、世間の高僧が端倪《たんげい》すべからざる存在であることを知りうるのである。ところがあなたは、妄言を吐いて強引に彼らを誹謗している。そもそもあなたは、いったいだれを指して悪僧といっておられるのか。詳しく聞こうではないか。」

主人は答えていった。

「後鳥羽院が世を治めていた時代に法然という者がいて、『選択集』(『選択本願念仏集』)という本を著した。その中で法然は釈迦が生涯にわたって説いた教えを批判し、あまねく世の人々を混乱させている。

その『選択集』は、次のようにいう。「道綽《どうしゃく》禅師が聖道・浄土の二門を立て、聖道門を捨てて正しく浄土門に帰入されたこと。はじめに聖道門についていえば、さらに大乗と小乗の二つに分けられる。（中略）これに準じて考えてみるに、道綽が末法にはふさわしくないから捨てるべきだと説いた聖道門には、当然密教と実大乗教も含まれることになるだろう。そうだとすれば、現在ある真言・禅・天台・華厳・三論・法相・地論・摂論の八宗は、みな聖道門の教えであって、棄て去るべきものにほかならない。

曇鸞《どんらん》法師の『往生論註』は、次のように説いている。「謹んで龍樹《りゅうじゅ》菩薩の『十住毘婆沙論』を拝するに、不退転の位を求めようとするに二通りの道がある。一つは難行道であり、いま一つは易行道である。」

ここでいう難行道とは、聖道門のことである。易行道とは浄土門である。浄土宗の学者はまずこのことをよくわきまえる必要がある。たとえかねてより聖道門を学んできた人であっても、浄土門に志があれば、難行の聖道門を捨てて浄土に往生しやすい浄土門に帰すべきである。」

『選択集』は、次のようにもいう。「善導和尚が正行・雑行の二行を立てて、しかも雑行を捨てて正行に帰したこと。第一に読誦雑行とは、『観無量寿経』などの浄土往生を説く経を除いて、それ以外の大乗・小乗、顕・密の諸経を受持したり読誦したりすることを、みな読誦雑行と名付ける。第三に礼拝雑行とは、阿弥陀仏を礼拝する行以外の、他のあらゆる仏・菩薩・諸天を礼拝しうやまうことを、すべて礼拝雑行と名付ける。

私が思うに、これらの先師の文をみるにつけ、雑行を捨てて正行に専念すべきである。どうして百人が百人みな往生できる専修念仏の正行を捨てて、千人に一人も往生できない雑行に執着する必要があろうか。往生を願う行者は、よくよくこの道理を考えてみるべきである。」

また『選択集』はいう。「唐の円照が著した『貞元入蔵録』には、『大般若経』六百巻に始まり『法常住経』に終わるまで、顕密の大乗経六三七部、二八八三巻の名があげられている。これらはみな「読誦大乗」の一句に含められてしまうものである。まさに知らなければならぬ。仏が人々の能力に応じて方便の教えを説くときには、仮に読誦大乗以下の定善・散善の救済の門を開くが、仏が真実の教えである念仏を説いた後には、それらの門を閉じてしまう。ひとたび開いて、以後永遠に閉じることがないのはただひとつ、念仏の門だけである。」

さらに『選択集』はいう。「念仏の行者は必ず三心を具備すべきこと。『観無量寿経』には至誠心《しじょうしん》・深心《じんしん》・回向発願心《えこうほつがんしん》の三心を具《そな》えるべきことが説かれている。『観無量寿経疏《しょ》』は、それを解説して次のようにいう。「学解と修行が定まらず、よこしまな教えに染まって念仏を批判する者がいる。一つの譬《たと》えをあげて、そうした邪見をもった者の非難を防ぐことにしよう。……これまで述べた「二河白道《にがびゃくどう》」の譬喩《ひゆ》において、救いを妨げようとして、水と火の河に架かる白道を渡って彼岸の浄土に向かう行者を呼び返す群賊とは、異なる見解・異なる行法をもった邪悪な思想家を譬えていうのである。」

私が思うに、ここにいう「異なる見解・異なる行法」とは、聖道門を指していうのである。」

『選択集』の結びの文にいう。「もし速やかに生死《しょうじ》の苦しみを離れたいと願うならば、二種類の勝《すぐ》れた教えのなかでしばらく聖道門をさしおいて、選んで浄土門に入るべきである。浄土門に帰入しようと思うならば、正行・雑行二種類の行のなかで、しばらくもろもろの雑行をなげうって、選んで正行たる念仏に帰入すべきである。」

以上あげた『選択集』の文をみるに、法然は曇鸞・道綽・善導の誤った解釈を引いて聖道門・浄土門、難行道・易行道の区分を設け、法華・真言をはじめ釈迦が生涯にわたって説かれた大乗経典六三七部、二八八三巻、ならびにあらゆる仏・菩薩・諸方世界の天部を、すべて聖道門・難行道・雑行の範疇に含めて、それらを捨てたり、閉じたり、閣《さしお》いたり、なげうったりすべきことを説いた。この「捨」「閉」「閣」「抛」の四文字を掲げて多くの衆生を惑わせただけでなく、インド・中国・日本三国の高僧とありとあらゆる仏弟子にみな「群賊」のレッテルを貼り、罵詈《ばり》雑言《ぞうごん》を浴びせている。これは、近くは浄土宗が拠り所としている浄土三部経の、「ただし五逆を犯した者と正法を誹謗した者は、救いから除外する」という阿弥陀仏の誓願に背き、遠くは釈尊の出世の本懐である『法華経』の第二の、「もし人が信ずることなくしてこの経を謗《そし》ったならば、（中略）その人は寿命が尽きて阿鼻《あび》地獄に堕ちる」という戒めに迷うものである。

いま世は末代に至り、人はもはや聖人ではない。みな暗黒の巷《ちまた》にさまよい、悟りに到る正しい道を忘れている。なんと悲しいことであろうか、人々は真理に目を閉ざしている。なんと痛ましいことであろうか、いたずらに邪信だけが増長している。このため、上は国王から下は万民に至るまでひとり残らず、浄土三部経以外に拠り所とする経典はなく、阿弥陀仏以外に頼るべき仏はないと思い込んでいる。

かつて伝教・義真・慈覚・智証らの高僧が万里の波濤《はとう》を越えて将来した聖教や、一国内の山川をめぐって崇めた仏像は、比叡山の頂きに伽藍を建てて安置し、あるいはその深谷に堂舎を構えて崇重した。東塔の薬師・西塔の釈迦は相並んでその威光を今世と来世に及ぼし、横川《よかわ》の虚空蔵と地蔵は教化を専らにして、その利益《りやく》を現世《げんぜ》と後生《ごしょう》に及ぼしている。ゆえに、国主は郡や郷を寄進してその灯明を輝かし、地頭は田園を寄せて供養に充ててきた。

ところが法然の『選択集』のせいで、人々はこの世界の教主である釈尊を忘れて西方浄土の弥陀を貴び、伝教大師の委託を打ち捨てて東方浄土の薬師をないがしろにしている。ただ四巻三部の浄土三部経だけを信奉して、釈迦が一代五時にわたって説いたすぐれた経典をいたずらに放棄している。

このため、人は阿弥陀堂でなければ供養しようとせず、念仏者に対してでなければ布施の志を忘れてしまっている。その結果仏堂は零落して屋根には苔《こけ》が生え、僧房は荒廃して庭には雑草が生い茂っている。にもかかわらず、人々はそうした状況を嘆いて仏法を護ろうという心を起こすことなく、荒廃した堂舎を再興しようとする気持もない。こうしたことが原因となって、留まっていた聖僧は立ち去ったまま帰らず、守護の善神も国土を離れて戻ることがない。これらはひとえに法然の『選択集』のせいなのである。

なんと悲しいことであろう。ここ数十年の間、百万、千万という人々が悪魔の縁にたぶらかされて、正しい教えに巡り合えないでいる。みな異端の教えを好んで、正統を忘れている。このような有様では、どうして善神が怒らないことがあろうか。だれもが完全な教えを捨てて、偏った教えに執着している。これでは悪鬼が隙《すき》を窺《うかが》わないわけがあろうか。どれほど多くの祈禱を行うよりも、根本の元凶である法然の専修念仏を禁止することが肝要なのである。」

【語釈】

○**法然**　平安末から鎌倉時代の僧（一一三三～一二一二）。浄土宗の祖。口に弥陀の名を唱える「口称念仏《くしょうねんぶつ》」こそが浄土に往生できる唯一の方法であるとする「専修念仏」を理論化し、念仏の信仰を広めた。のち旧仏教の批判を受けて流罪に処せられた。

○**道綽**　中国初唐の僧（五六二～六四五）。曇鸞の教えを承《う》けて浄土教を体系化した。その著に『安楽集』がある。

○**「道綽禅師が聖道・浄土の二門を立て……浄土門に帰すべきである」**　『選択本願念仏集』第一章

からの抄出（法全三一一〜一三頁）。

○**聖道門**　道綽が『安楽集』で設定した浄土門の対《つい》概念。来世浄土への往生に救いを求める浄土門に対し、聖道門はこの娑婆世界において悟りを開こうとする立場をとる。

○**地論・摂論**　どちらも中国にあった学派。前者は世親《せしん》の『十地経論』（菩提流支《ぼだいるし》訳）を、後者は無著《むじゃく》の『摂大乗論《しょうだいじょうろん》』に世親が注釈を加えた『摂大乗論世親釈』（真諦《しんだい》訳）を、それぞれ主要な研究対象とする。

○**これに準じて考えてみるに**　原文は「准之思之」。道綽は一切の仏法を聖道と浄土の二門に分け、前者は末法にはふさわしくないと論じたが、その区分は大乗の中でも方便の教えである「権《ごん》大乗教」についてなされたものだった。それに対し法然はこの言葉を介在させることによって、棄て去るべき聖道門のなかに、『法華経』をはじめとする「実大乗教」（真実の大乗経）と密教をも繰り入れた。日蓮は『守護国家論』で、法然の解釈の飛躍を端的に示すこの四文字こそが、その「無量の謗法をなす根源」（定遺一、一〇七頁、平遺二五頁）であるとしている。

○**曇鸞**　中国の僧（四七六〜五四二）。『往生論註』を著し、中国浄土教の基礎を確立した。

○**「謹んで龍樹菩薩の……易行道である」**　『選択集』に引用された『往生論註』の文（浄全一、二一九頁）。

○**龍樹**　インドの僧。数多くの大乗経典の註釈書を著し、大乗思想を宣揚した。『中論』『十二門論』『大智度論』などの著作がある。
○**「善導和尚が正行・雑行の二行を立て……道理を考えてみるべきである」**　『選択本願念仏集』第二章からの抄出（法全三一三〜一七頁）。
○**善導**　中国の僧（六一三〜六八一）。曇鸞・道綽の流れを受けて中国浄土教を大成した。著作に『観無量寿経疏』『往生礼讃』などがある。法然は「ひとえに善導一師に依る」（『選択本願念仏集』法全三四八頁）として、その教えに傾倒した。
○**顕・密**　空海が体系化した仏の教えの区分法。「顕」（顕教）が釈迦の説いた仮の教えであるのに対し、「密」（密教）は究極の仏である大日如来が説いた真実の教え。中世では「顕密」という言葉は、一切の仏法の総称として用いられる。
○**「唐の円照が著した……念仏の門だけである」**　『選択本願念仏集』からの抄出（法全三四〇、四三頁）。
○**定善・散善**　定善とは心を集中して行う修行。『観無量寿経』の十三観などがこれに入る。散善は、散乱する心のままに善行を修めることをいう。
○**「念仏の行者は必ず三心を具備すべきこと……聖道門を指していうのである」**　『選択本願念仏集』からの抄出（法全三二八〜三四頁）。この部分の引用は断章取義で意味を取りにくい。
○**「学解と修行が定まらず……譬えていうのである」**　『選択本願念仏集』に引用された『観無量寿経疏』の文（浄全二、五九〜六〇頁）。

○**二河白道**　水・火二つの河に架かる白い道。極楽往生の道程を譬えたもの。善導の『観無量寿経疏』散善義に説かれる（浄全二、五九〜六〇頁）。

○**「もし速やかに……帰入すべきである」**『選択本願念仏集』の文（法全三四七頁）。

○**浄土三部経**『無量寿経』『観無量寿経』『阿弥陀経』。

○**「ただし五逆を……除外する」**『無量寿経』に説かれる弥陀の四十八願中の第十八願の文（正蔵一二、二六八頁上）。法然は王本願としてこの願を特に重視した。ちなみに五逆とは、殺父・殺母・殺阿羅漢・出仏身血・破和合僧の五つの重罪。

○**「もし人が信ずることなくして……阿鼻地獄に堕ちる」**『妙法蓮華経』譬喩品の文（正蔵九、一五頁中）。

○**伝教・義真・慈覚・智証**　延暦寺の開祖最澄と歴代の座主《ざす》たち。いずれも入唐《にっとう》して法を求めている。

○**東塔の薬師**　根本中堂《こんぽんちゅうどう》に安置された、伝教大師が手ずから彫ったと伝える秘仏の薬師仏。

○**西塔の釈迦**　釈迦堂の釈迦仏。

○**横川の虚空蔵と地蔵**　虚空蔵は横川の般若谷に、地蔵は戒心谷に、それぞれ安置された。

【解説】

主人の説明を聞いて、客はますます怒りをエスカレートさせた。

客は単に寺院や僧の数の多さだけではなく、今日の僧侶は国家の手厚い帰依を受けており、それが、彼らが正法の担い手である何よりの証拠であると主張する。その一方で、主人のごとき無名の坊主が仏教界全体を批判するなど思い上がりもはなはだしい、と述べ、さらに、主人のいう悪僧とはいったいだれのことなのか、と詰問するのである。

この客の言葉には、法の正・邪の区分を国家による公認の有無に求めようとする、当時の権力者や伝統仏教界の立場の反映を見出すことができる。内村鑑三《うちむらかんぞう》が、「政府の許可を得るをもって最上の特権と見なす日本人中、ひとり日蓮はこれを軽視せり」（『日蓮上人を論ず』）と述べたように、宗教的権威を世俗の権力の上に位置づけ、教団の正統性の要件に天皇による認可（勅許）を加えないことが、国家と宗教の関係という視点からみた日蓮の思想の重要な特色だった。

この難詰に対し、主人ははじめて法然の名を挙げ、その著作である『選択本願念仏集』こそが、あらゆる諸悪の根源であると断定した。そして『選択本願念仏集』が、釈迦が生涯にわたって説いたすべての大乗経典と一切の仏菩薩を、「捨」「閉」「閣」「抛」すべきであると説いて伝統仏教に対する人々の信頼と帰依を失わせ、その衰退を引き起こしている、と論じるのである。

冒頭の「解説」でも述べたように、主人が念仏を批判するにあたって、伝統仏教総体を肯定する立場から、それらをひとしなみに否定する念仏の排他性を批判する、という論理構成をとっていることは注目に値する。ただし、念仏の進出に比例して衰退しつつある旧仏教の現状は、具体的には比叡山の荒廃として描かれており、そこに「天台沙門」（天台僧）の立場から、仏教界の盟主としての山門の地位を回復しようとする、この時点での日蓮の姿勢が現れている［川添一九五五・五六］。

第五段

【読み下し】

客殊《こと》に色を作《な》して曰《いわ》く、我が本師《ほんし》釈迦《しゃか》文《もん》、浄土の三部経を説きたまいてより以来《このかた》、曇《どん》鸞《らん》法師《ほっし》は四論《しろん》の講説《こうぜつ》を捨てて一向《いっこう》に浄土に帰し、道綽禅師《どうしゃくぜんじ》は涅槃《ねはん》の広業《こうぎょう》を閣《さしお》きて偏《ひとえ》に西方《さいほう》の行《ぎょう》を弘め、善導和尚《ぜんどうわじょう》は雑行《ぞうぎょう》を抛《なげう》ちて専修《せんじゅ》を立て、恵心僧都《えしんそうず》は諸経の要文《ようもん》を集めて念仏の一行《いちぎょう》を宗《しゅう》とす。弥陀《みだ》を貴重《きちょう》すること誠に以《もっ》て然《しか》なり。又往生《おうじょう》の人《ひと》其れ幾《いく》ばくぞや。就中《なかんずく》、法然聖人《ほうねんしょうにん》、幼少にして天台山に昇り、十七にして六十巻に渉《わた》り、並《ならび》に八《はっ》宗《しゅう》を究め具《つぶさ》に大意を得たり。其の外《ほか》、一切の経論七遍反覆《しちへんはんぷく》し、章疏伝記《しょうしょでんき》究《きわ》め看《み》ざること莫《な》し。智は日月《にちがつ》に斉《ひと》しく徳は先師に越えたり。然りと雖《いえど》も、猶出離《なおしゅつり》の趣《おもむき》に迷い涅槃の旨《むね》を弁《わきま》えず。故《ゆえ》に遍《あまね》く覿《み》悉《ことごと》く鑑《かんが》み、深く思い遠く慮《おもんぱか》り、遂に諸経を抛《なげう》ちて専ら念仏を修す。其の上《うえ》、一夢《いちむ》の霊応《れいおう》を蒙《こうむ》り四裔《しえい》の親疎《しんそ》に弘《ひろ》む。故《ゆえ》に或は勢至《せいし》の化身《けしん》と号し、或は善導《ぜんどう》の再誕《さいたん》と仰ぐ。然れば則ち、十方《じっぽう》の貴賤頭《こうべ》を低《た》れ、一朝《いっちょう》の男女歩《なんにょあゆみ》を運《はこ》ぶ。爾《しか》しより来《このかた》、春秋推《お》し移り星霜相積《せいそうあいつも》れり。而《しか》るに忝《かたじけ》なくも釈尊の教《おしえ》を疎《おろそ》かにして、恣《ほしいまま》に弥陀《みだ》の文《もん》を譏《そし》る。何ぞ近年の災《わざわい》を以て聖代《せいだい》の時に課《おお》せ、強《しい》て先師を毀《そし》り更に聖人《しょうにん》を罵《ののし》るや。毛を吹きて疵《きず》を求め皮を剪《き》りて血を出《いだ》す。昔より今に至るまで此《かく》の如き悪言《あくごん》未だ見ず、惶《おそ》るべく慎むべし。罪業《ざいごう》至りて重し、科条《かじょう》争《いか》でか遁《のが》れん。対座猶《なお》以て恐れ有り、杖《つえ》を携《たずさ》えて則ち帰らんと欲す。

主人咲《え》み止《とど》めて曰《いわ》く、辛《から》きを蓼葉《りょうよう》に習い臭きを溷厠《こんし》に忘る。善言を聞きて悪言と思い、謗者《ぼうしゃ》を指して聖人《しょうにん》と謂《い》い、正師《しょうし》を疑いて悪侶《あくりょ》に擬《ぎ》す。其《そ》の迷い誠に深く其の罪浅からず。事《こと》の起りを聞け、委《くわ》しく其の趣《おもむき》を談ぜん。釈尊説法の内、一代五時の間《あいだ》、先後《せんご》を立てて権実《ごんじつ》を弁《べん》ず。而《しか》るに曇鸞《どんらん》・道綽《どうしゃく》・善導《ぜんどう》、既に権《ごん》に就きて実《じつ》を忘れ先《せん》に依りて後《ご》を捨つ。未《いま》だ仏教の淵底《えんてい》を探《さぐ》らざる者なり。就中《なかんずく》、法然《ほうねん》、其の流《ながれ》を酌《く》むと雖も其の源《みなもと》を知らず。所以《ゆえ》は何《いかん》。大乗経六百三十七部二千八百八十三巻、幷《ならび》に一切の諸仏・菩薩《ぼさつ》及び諸の世天《せてん》等《とう》を以て、捨閉閣抛《しゃへいかくほう》の字に置きて一切衆生《いっさいしゅじょう》の心を薄《おか》す。是《こ》れ偏《ひとえ》に私曲《しきょく》の詞《ことば》を展《の》べて全く仏経の説を見ず。妄語《もうご》の至り悪口《あっく》の科《とが》、言いても比《たぐい》無く責めても余り有り。人皆《ひとみな》其の妄語を信じ、悉く彼《か》の選択《せんちゃく》を貴ぶ。故《ゆえ》に浄土の三経を崇《あが》めて衆経《しゅきょう》を抛《なげう》ち、極楽《ごくらく》の一仏《いちぶつ》を仰《あお》ぎて諸仏を忘る。誠に是《こ》れ諸仏・諸経の怨敵《おんてき》、聖僧《しょうそう》・衆《しゅ》人《にん》の讐敵《しゅうてき》なり。此の邪教広く八荒《はっこう》に弘まり周《あまね》く十方《じっぽう》に遍《へん》す。

抑《そもそも》近年の災《わざわい》を以て往代《おうだい》を難ずるの由《よし》、強《あなが》ちに之《これ》を恐る。聊《いささ》か先例を引きて汝の迷いを悟《さと》すべし。止観《しかん》の第二に史記《しき》を引きて云く、「周の末に被髪袒身《ひはったんしん》にして礼度に依らざる者有り」と。弘決《ぐけつ》の第二に此《こ》の文《もん》を釈するに、左伝を引きて曰く、「初め平王《へいおう》の東遷《とうせん》するや、伊川《いせん》に被髪《ひはつ》の者の野《や》に祭《まつ》るを見る。識者の曰く、百年に及ばじ、其の礼先《ま》ず亡《ほろ》びぬ」と。爰《ここ》に知《し》りぬ。徴《しるし》前《さき》に顕《あらわ》れ災《わざわい》後《のち》に致ることを。又、「阮籍逸才《げんせきいっさい》にして蓬頭散帯《ほうとうさんたい》す。後に公卿《こうけい》の子孫皆之《これ》に教《なら》い、奴苟相辱《どこうあいはずかし》むる者を方《まさ》に自然《じねん》に達すといい、撙節競持《そんせつきようじ》する者を呼んで田舎《でんしゃ》と為《な》す。司馬《しば》氏の滅ぶる相《そう》と為す」と已上。又、慈覚大師《じかくだいし》の入唐巡礼記《にっとうじゅんれいき》を案ずるに云く、「唐《とう》の武宗《ぶそう》皇帝の会昌《かいしょう》元年、勅して章敬寺《しょうきょうじ》の鏡《きょう》霜《そう》法師をして、諸寺において弥陀念仏の教《おし》えを伝えしむ。寺毎《てらごと》に三日巡輪《じゅんりん》すること絶えず。同二年、回鶻国《かいこつこく》の軍兵《ぐんぴょう》等、唐の堺を侵《おか》す。同三年、河北《かほく》の節度使《せつどし》忽《たちま》ち乱を起す。其の後、大蕃国《だいばんこく》更《また》命《めい》を拒《こば》み、回鶻国《かいこつこく》重ねて地を奪う。凡《およ》そ兵乱《ひょうらん》は秦項《しんこう》の代に同じく、災火《さいか》は邑里《ゆうり》の際《きわ》に起る。何《いか》に況《いわん》や、武宗《ぶそう》大《おお》いに仏法を破し多く寺塔を滅す。乱を撥《おさ》むること能《あた》わずして遂に以て事《こと》有り」と已上意を取る。此《これ》を以て之を惟《おも》うに、法然《ほうねん》は後鳥羽《ごとば》院《いん》の御宇《ぎょう》建仁《けんにん》年中の者《ひと》なり。彼《か》の院の御事《おんこと》既に眼前《がんぜん》に在り。然れば則ち大唐《だいとう》に例を残し吾《わ》が朝《ちょう》に証《しょう》を顕《あらわ》す。汝疑うこと莫《なか》れ、汝怪しむこと莫《なか》れ。唯須《ただすべか》らく凶を捨てて善に帰し、源《みなもと》を塞《ふさ》ぎて根《ね》を截《き》るべし。

【現代語訳】

客はさらに怒りの様子をあらわにしてつめよった。

「我らが根本の師であられる釈迦仏が浄土三部経をお説きになって以来、曇鸞は四論の講説をやめて浄土の教えだけに帰依し、道綽禅師は『涅槃経』の浩瀚《こうかん》な教行をさしおいて、ひとえに西方浄土の行を広めた。善導和尚は雑行をなげうって専修念仏の行を打ち立て、恵心《えしん》僧都は諸経の重要な言葉を集めて念仏の一行を宣揚した。いにしえの聖人たちが弥陀を崇めること、まさにこのとおりである。また、この教えによってどれほど多くの人々が実際に往生を遂げたことであろうか。

なかでも、法然上人は幼少にして比叡山に登り、一七の歳にはその知識は天台三大部に及び、さらに八宗の教えを究めて、余すところなくその大綱を修得するに至った。それ以外にも一切の経典と論書を七度も読破し、註釈や伝記類にも目を通さないものはなかった。その智恵は日や月に等しく、徳望は先師を越えるものがあった。

にもかかわらず、上人はなかなか生死の迷いを離れることができず、涅槃に至る道も明らかにすることができなかった。そこで法然上人は、あまねく先師の教えを繙《ひもと》き、詳しく現状を分析して、遠く深く思慮をめぐらした結果、ついに諸経をなげうって、専ら念仏だけを実践するに至った。その上、夢で善導と対面するという奇瑞《きずい》を体験してさらに確信を深め、親疎を問わず四方の果てまで念仏の法門を広められた。そのため、人々は上人を勢至菩薩の化身と称し、あるいは善導の生まれ変わりとして仰ぎ尊んだ。貴きも卑しきもみな上人に帰依し、国中の男女はその教えを求めて集まった。そのときから月日は流れたが、上人に対する人々の尊崇の念はいささかも変わることがない。

ところがいまあなたは釈尊の教えをないがしろにして、恣意に任せて弥陀の教門を謗《そし》っている。どうして、近年の災害の原因を法然上人が念仏を広めた後鳥羽院の御世《みよ》に帰し、あながちに道綽・善導らの先師を謗り、あまつさえ上人を罵るのか。これはあたかも毛を吹いて疵《きず》を求め、皮を切って血を出すように、無理やり欠点を見つけだそうとする行為にほかならない。

私はいまだかつて、これほどの憎むべき暴言を知らない。まことにおそるべきことであり、慎むべきことである。あなたの罪業《ざいごう》は極めて重く、刑罰を逃れることなどとてもできない。こうして対座するだけでも憚《はばか》られる。杖を抱えて早々に退散することにしよう。」

主人はにこやかに微笑み、立ち去ろうとする客を押し留めていった。

「蓼の葉を食べつければ辛さの味覚を失い、厠に入っていれば臭気を忘れてしまうように、あなたもどっぷりと悪に染まって、善悪の区別がつかなくなってしまったようだ。善言を聞いては悪言と思い、謗法の者を指して聖人といい、正道へ導かんとする善知識を悪侶と考えてしまう。その迷いはまことに深く、その罪も決して軽くない。

まあ、ことの起こりを聞かれるがよい。詳しく説明して差し上げよう。釈尊が「一代五時」といわれるその生涯の間にお説きになった膨大な経典のなかには、説かれた順番があり、権と実との区別がある。ところが、曇鸞・道綽・善導といった中国浄土教の先師たちは、方便の権教を重んじて真実の実教を忘れ、先に説かれた浄土三部経に依拠して、後から説かれたまことの教えである『法華経』を棄ててしまっている。いまだ仏教の奥深い世界を究めていないもの、といわざるをえない。とりわけ法然に至ってはその流れに連なりながらも、誤りの根源をわきまえないことはなはだしい。

そのわけを述べよう。法然は大乗経典六三七部、二八八三巻、ならびに一切の諸仏・菩薩・天衆らに対して、「捨」「閉」「閣」「抛」の四文字を適用して棄て去るべきことを主張し、あらゆる衆生の心を惑わせた。これはひとえに自分勝手な解釈を展開して、真実の仏の教えを顧みないものである。迷妄の極みというべきであり、その悪口の罪科は他にたとえようもなく、いくら責めても責めたりぬものである。人はその妄語を信じて、みなその『選択集』を崇めている。その挙げ句、浄土の三部経を貴んで他の経典を放擲《ほうてき》し、極楽の一仏だけを尊んで諸仏を忘れてしまっている。まことに法然こそは諸仏と諸経の怨敵、聖僧と衆生の仇敵《きゅうてき》というべきである。この邪教が国中に流布し、隅々にまでいきわたっている。

そもそもあなたは、近年の災害の原因を過去の聖代に押しつけることをとても心配しておられるようだが、少しばかり先例を引いてあなたの疑念を晴らしてさしあげよう。

天台大師の『摩訶止観《まかしかん》』の第二は、『史記』を引用して次のように説いている。「周代の末に長髪を乱し衣服を着けず、礼儀をわきまえない者がいた」と。『止観輔行伝弘決《しかんぶぎょうぐけつ》』の第二は、『春秋左氏伝《しゅんじゅうさしでん》』を引いてこの文に注釈を加えているが、そこでは、「周の平王が外敵の圧迫によって都を東に遷《うつ》すとき、伊川《いせん》のほとりで髪を乱した者が野で奇妙な祭りを執り行っていた。道理に通じた人物である辛有《しんゆう》はこれをみて、周は百年もたたないうちに滅びるだろう。礼儀がすでに廃《すた》れてしまったからだ、と語った」と記されている。ここからも、災害にはまず予兆が現れることがわかる。

『摩訶止観』は次のようにも説いている。「西晋の阮籍《げんせき》は大変な秀才ではあったが、髪は乱れ放題で帯も締めようとはしなかった。やがて貴族の子弟もみなその真似をするようになった。下賤な言葉で品なく罵り合うことを自然の摂理にかなった行為と誉め、礼節を守る者を田舎者と蔑《さげす》んだ。思えば司馬氏が滅びる前兆であった。」

また、慈覚大師の『入唐求法巡礼行記《にっとうぐほうじゅんれいこうき》』は次のように説いている。「唐の武宗皇帝の会昌元年、勅を下して章敬寺の鏡霜法師に命じ、諸寺に弥陀念仏の教えを広めさせた。一つの寺につき三日の日程で、寺々をめぐり続けた。同二年、ウイグルの軍勢が唐の国境を侵犯した。同三年、河北の節度使が突然反乱を起こした。その後、チベットが唐の命令を拒み、ウイグルはさらに侵略を繰り返した。その兵乱は秦末漢初の内乱に匹敵するほどであり、火災は街や村ごとに起こった。だがそれにもかかわらず、武宗はいっそう大々的に仏法を破却し、数多くの寺々を滅ぼした。その結果、乱を鎮めることができないままついに滅亡するに至った。」(要旨)

これらの事例に照らして日本のことを考えてみるに、法然は後鳥羽院の治世下の建仁年中に活動した人物であった。かの院が承久の乱で敗北し隠岐に流されたことは、だれもが知っていることである。念仏が災いをもたらすことは、このように中国にも前例があり、わが国でも証拠は歴然としている。疑ったり怪しんだりしてはならない。いまは何をおいても元凶である念仏を捨てて善に帰し、災いの源を塞いで謗法の根を断ち切らなければならない。」

【語釈】

○**四論**　四論宗の拠り所である『大智度論』『中論』『十二門論』『百論』をいう。

○**恵心僧都**　源信。平安時代の天台宗の僧（九四二～一〇一七）。『往生要集』を著し、天台浄土経を大成した。

○**天台三大部**　天台宗の根本聖典である『摩訶止観』『法華文句《ほっけもんぐ》』『法華玄義《げんぎ》』をいう。天台大師智顗《ちぎ》の講義を、弟子の灌頂《かんじょう》が筆録したもの。

○**八宗**　南都六宗といわれる三論・成実《じょうじつ》・法相《ほっそう》・倶舎《くしゃ》・華厳・律に、平安時代になって成立する天台・真言の二宗を加えたもの。中世の仏教界では、日本の正統仏教はこの八宗であるという認識が共有されていた。

○**夢で善導と対面**　法然が夢の中で、上半身は墨染の法衣をまとい、下半身は金色に輝く善導と対面したこと。『法然聖人御夢想記』（『西方指南抄』法全八六〇～六一頁）にその様子が描かれる。

○**一代五時**　天台宗の教判。釈迦の教説をその内容から、華厳・阿含《あごん》・方等《ほうどう》・般若・法華涅槃の五つの時期に区分するもの。

○**権教・実教**　権教が衆生を正道に導くための方便の教えであるのに対し、実教は仏の真実の悟りを説き明かした教え。主人＝日蓮は、曇鸞・道綽らが実教である『法華経』などを棄て、権教である浄土三部教を尊重していることを批判する。

○『**摩訶止観**』　天台智顗の著作。天台宗の根本聖典の一つ。十界互具《じっかいごぐ》・一念三千を説き明かした書として尊重される。

○『**史記**』　前漢の司馬遷の著である『史記』には、この文はみえない。

○「**周代の末に……礼儀をわきまえないものがいた**」『摩訶止観』の文（正蔵四六、一九頁上）。

○『**止観輔行伝弘決**』　唐代の中国僧、湛然《たんねん》が著した『摩訶止観』の註釈書。

○**『春秋左氏伝』**　春秋時代の魯《ろ》の歴史を記した中国の歴史書、『春秋』の註釈書。
○**「周の平王が外敵の圧迫に……と語った」**　『止観輔行弘決』（正蔵四六、二一〇頁中）、『春秋左氏伝』（漢大三〇、三五〇頁）。
○**「西晋の阮籍は……前兆であった」**　『摩訶止観』（正蔵四六、一九頁上）。
○**阮籍**　三国時代の人（二一〇～二六三）。竹林の七賢人の一人。
○**『入唐求法巡礼行記』**　天台僧円仁の、唐での滞在記。ライシャワーの研究で知られる（田村完誓訳『円仁　唐代中国への旅』講談社学術文庫）。
○**「唐の武宗皇帝の会昌元年……滅亡するに至った」**　『入唐求法巡礼行記』からの抄出（仏全一一三、二五二頁）。実際には貞応三年（一二二四）の『延暦寺大衆解』（鎌遺五、三二三四号）からの引用であると推定される。
○**ウイグル**　中国北・西部の蒙古や新疆《しんきょう》に勢力を扶植《ふしょく》したトルコ系の民族。
○**チベット**　チベット族の統一王朝。唐初に一時和を結んだが、後たびたび唐と戦った。
○**秦末漢初の内乱**　項羽《こうう》と劉邦《りゅうほう》の覇権をめぐる争い。劉邦が勝利し、前漢の高祖となった。
○**承久の乱**　承久三年（一二二一）、京都で討幕の兵を挙げた後鳥羽院は、北条政子・義時を中心とする幕府軍の反撃を受けてたちまちのうちに敗北し、隠岐に流された。

【解説】

前段で主人は、災害をもたらす原因が念仏の流布にあることを明らかにした上、法然とその著作の『選択本願念仏集』を、「悪侶」「邪説」とはじめて名指しで批判した。

ここに至って、客の怒りは頂点に達した。

念仏の教えは、遠くは釈迦の説かれた浄土三部経に発し、曇鸞・道綽・善導・源信といった中国・日本の偉大な学僧たちもみな心を寄せたものである。なかでも法然聖人は先師をもしのぐ智恵と知識を備え、万人の帰服する人物である。これらの聖人をひとしなみに批判し、あまつさえ現在の災害の由来を後鳥羽院の治世にまで遡らせて、かの聖代を誹謗するとは一体何ごとか――。

「まあまあ、そう立腹なされるな。あなたの深い迷いをじっくりと解いてしんぜよう」。血相を変えて席を立とうとする客に対し、主人は穏やかに、懇々と、法然の教えがなぜ誤っているかを説き示すのである。

客は主人の言葉に、なぜこれほど立腹したのであろうか。第十段では、客はみずから法然流の専修念仏者であったことを認めている。そうであるとすれば、日蓮の念仏批判は客自身の信仰を正面から誹謗するものとなるだけに、彼が反発することは当然であろう。

ただし、客が表面的には念仏を受け入れていたとしても、その信仰の内実は法然の説くそれとかなり異質なものであった。客は第三・第四段では、当時が仏教全盛の時であるという現状認識に基づき、「邪説」が蔓延して伝統仏教が衰亡の危機に瀕しているとみる日蓮に疑問を投げかけていた。客は明らかに、専修念仏のみならず伝統仏教全体の繁栄を理想とみる立場に立っていた。こうした客の理念が、法然の『選択本願念仏集』とまったく相反するものであることは言をまたない。なぜなら『選択集』は念仏だけを末法の衆生にふさわしい唯一の往生の道と規定する一方、他の一切の伝統仏教を「時機不相応」として退けるという立場をとっていたからである。

したがって、客の念仏受容は、他の教行を否定して念仏を専修するという法然本来の立場に基づくものではなかった。むしろ念仏も諸行もその価値を等しく肯定した上で、自分にもっともふさわしい教えとして念仏を実践するという、旧仏教的な思想に依拠したものだった。こうした念仏理解が当時の念仏者の多数派であったことは、冒頭の「解説」でも指摘した通りである。

客が念仏の広範な流布を仏法興隆の一環とみなして手放しで喜んでいた背景には、彼のこうした立場があった。そのため主人も客を説得するにあたって、法然の思想に対する教理的な批判ではなく、それが他の伝統仏教を衰退させているという事実を突き付けることによって、翻意を促そうという戦略をとるのである。

なお、主人が念仏によって国が乱れた先例として引用した『入唐求法巡礼行記』は、これとほとんど同じ文が、専修念仏禁止を要求して提出された貞応三年（一二二四）の『延暦寺大衆解』にみえる。この解状の当該部分は、日蓮の『念仏者追放宣状事』にも引用されている。これらはいずれも「取意」（大意の要約）であるため、三者が偶然に一致することはありえない。日蓮はこの文章を『入唐求法巡礼行記』から直接引用するのではなく、留学時代に収集したと推定される比叡山の法然批判の資料から孫引きしているのである。日蓮の念仏批判の源流と、この時点における彼の立脚点がどの辺にあったかを窺わせる、興味深い証拠である。

第六段

【読み下し】

客聊《いささ》か和《やわら》ぎて曰く、未《いま》だ淵底《えんてい》を究めざれども数《ほぼ》其の趣を知る。但し華洛《からく》より柳営《りゅうえい》に至るまで、釈門《しゃくもん》に枢楗《すうけん》在《あ》り仏家《ぶっけ》に棟梁《とうりょう》在り。然れども未だ勘状《かんじょう》を進《まい》らせず、上奏《じょうそう》に及ばず。汝賤《いや》しき身を以て輒《たやす》く莠言《ゆうげん》を吐く。其の義余《あま》り有《あ》り、其の理《り》謂《いわ》れ無《な》し。

主人の曰く、予《よ》、少量為《た》りと雖《いえど》も忝《かたじけ》なくも大乗を学ぶ。蒼蠅《そうよう》驥尾《きび》に附して万里を渡り、碧蘿《へきら》松頭《しょうとう》に懸《かか》りて千尋《せんじん》を延ぶ。弟子、一仏《いちぶつ》の子《こ》と生《うま》れ諸経の王に事《つか》う。何ぞ仏法の衰微を見て心情の哀惜《あいせき》を起さざらんや。其の上《うえ》、涅槃経《ねはんぎょう》に云《いわ》く、「若《も》し善比丘ありて法を壊《やぶ》る者を見て、置きて呵責《かしゃく》し駈遣《くけん》し挙処《こしょ》せずんば、当《まさ》に知るべし、是《こ》の人は仏法の中の怨《あだ》なり。若《も》し能《よ》く駈遣《くけん》し呵責し挙処《こしょ》せば、是《こ》れ我が弟子真の声聞《しょうもん》なり」と。余、善比丘の身為《た》らずと雖も、「仏法中怨《ぶっぽうちゅうおん》」の責《せめ》を遁《のが》れんが為に、唯大綱《ただたいこう》を撮《と》りて粗《ほぼ》一端を示す。其の上、去《い》ぬる元仁《げんにん》年中に、延暦《えんりゃく》・興福《こうふく》の両寺より度度奏聞《たびたびそうもん》を経《へ》て、勅《ちょく》宣《せん》・御教書《みぎようしよ》を申し下《くだ》して、法然《ほうねん》の選択《せんちやく》の印板《いんばん》を大講堂に取り上げ、三世の仏恩《ぶつおん》を報ぜんが為に之《これ》を焼失せしめ、法然《ほうねん》の墓所《ぼしよ》に於《おい》ては、感神院《かんじ》の犬神人《いぬじにん》に仰せ付けて破却《はきやく》せしむ。其の門弟、隆寛《りゆうかん》・聖光《しようこう》・成覚《じようかく》・薩生《さつしようら》等は遠国《おんごく》に配流《はいる》せられ、其の後未だ御勘気《ごかんき》を許されず。豈《あに》未だ勘状《かんじよう》を進《まい》らせずと云わんや。

【現代語訳】

客はいささか怒りを和らげていった。

「まだすべてを完全に理解したという訳ではないが、お話の趣旨は大体わかった。ただ疑問に思うのは、京から鎌倉に至るまで仏門には柱と頼むべき重鎮たちがいるにもかかわらず、いまだに朝廷や幕府に意見書を提出して善処を申し入れた形跡がない。あなたは身の程もわきまえず、そうした高僧たちをさしおいてこともなげに法然批判の悪言を吐いている。やろうとなされていることの意図がわからないわけではないが、到底理に適《かな》った行動とは思われない。その点はいかがであろうか。」

主人は答えていった。

「私は確かにりっぱな僧とはいえないが、かりそめにも大乗を学ぶ者である。青蠅でさえも名馬の尾に付けば万里をわたり、蔦《つた》も松にからんで千尋の高さに伸びることができるという。私は教主釈尊の子と生まれて、諸経の王である法華経に仕える身である。仏法がむざむざ衰えていく有様を見て、どうして哀惜の心を起こさずにいられようか。

その上、『涅槃経』には次のような言葉がある。「もし善僧がいたとしても、仏法を破壊する者をみてその行為を黙認し、責めたり追い立てたり罪を追及したりすることがなければ、その者はかえって仏法の怨敵であると知れ。もし破壊者を責めたり追い立てたり罪を追及する者がいれば、その者こそはわが弟子であり、真の仏者の名に値するものである」。私は自分がここでいう「善僧」にあたるとはおもわないが、「仏法の怨敵」という烙印を押されることを避けるために、直面する問題の根源を把握した上で、その一端を示したのである。

加えて、かつて元仁年間に延暦・興福の二寺はたびたび専修念仏の禁止を要請し、勅宣や御教書による許可をえて、『選択集』の版木を比叡山の大講堂のまえに積み上げ、三世にわたる仏の恩に報いるためにその謗法の書を焼き捨てている。また祇園の犬神人《いぬじにん》に命じて大谷にある法然の墓所を破壊させている。法然の弟子である隆寛・聖光・成覚・薩生らは、この事件の折に遠国に流罪となり、いまだにその罪を赦《ゆる》されてはいない。これだけの事実を前にしても、あなたはまだ私以前に意見書を具申した者がいないとおっしゃるのか。」

【語釈】

○**「もし善僧がいたとしても……名に値するものである」**　『涅槃経』寿命品の文（正蔵一二、三八一頁上）。日蓮は謗法呵責の根拠としてこの文を重視し、遺文中にたびたび引用する。『注法華経』にも、二ヵ所に引いている（定注上一五八、三六二頁）。

○**元仁年間**　一二二四〜二五年。日向《にこう》の『金綱集』では類似の表現をとりながらも、この事件を「嘉禄《かろく》年中」（一二二五〜二七）のこととする（宗全一三、一七二頁）。また『念仏者追放宣状事』も、嘉禄三年に、「『選択集』の版木を比叡山の大講堂の前に積み上げ、三世にわたる仏恩に報いるため、その謗法の書を焼き捨てる」ことを求める奏聞《そうもん》がなされたとする記述がある（定遺三、二二六二頁）。「嘉禄の法難」とよばれる、法然教団に対する旧仏教からの弾圧事件である。

○**勅宣**　天皇の命令を下達する公文書。

○**御教書**　三位《さんみ》以上の公家や将軍の意を奉じて、それを下達する公文書の一形態。

○**犬神人**　「つるめそ」ともいう。祇園社に隷属して雑務に従事する最下級の神職。蜂起の際には神社の武力の中核を構成した。

○**隆寛・聖光・成覚・薩生**　いずれも法然の弟子。日蓮の遺文には法然門下がたびたび登場するが、親鸞の名前は見当たらない。

【解説】

それまで激しく主人に反発していた客は、是一非諸を掲げる法然の〈選択《せんちゃく》の論理〉こそが仏法界の衰退をもたらす元凶であるとする主人の反論を受けて、やや態度を和らげるに至る。その上で、主人に向かって、あなたの発言の趣旨は理解したが、もしその法然批判が的を射たものであるとすれば、なぜこれまでそうした声が伝統仏教界からあがらなかったのか、と疑問を投げかけるのである。

これに対し主人は、『涅槃経』から、謗法者を糾弾するのは仏法者たる者の使命であり、それをなおざりにする者は仏法の敵対者にほかならない、という趣旨の言葉を引き、自分はまことに微力ではあるが、仏法の衰亡をみてやむにやまれぬ思いでこのような行動にでた、と述べる。次いで、南都北嶺がそれまで行った法然弾劾の行為の実例を挙げ、自身の念仏排撃はそうした前例に則ってのものであり、決してスタンドプレーではない、と主張するのである。

主人＝日蓮は、ここでは自分の念仏批判が南都北嶺の念仏排撃の系譜に連なるものであることをはっきりと表明している。これは、みずからの言動を正当化するための政治的意図に基づく発言というよりは、この段階における日蓮の真意をかなりの程度反映するものであったと推測される。

日蓮は『立正安国論』を「天台沙門」の立場で提出した。またそれに先立って、念仏禁止を要求する南都北嶺の奏状と念仏停止を命ずる宣旨などを集めた著作（『念仏者追放宣状事』）も撰述している。日蓮が比叡山で師事したとされる俊範《しゅんぱん》は、反念仏の中心的人物であった。日蓮は念仏迫害に関する資料を、俊範経由で入手したものと推定される［平一九九二］。『立正安国論』述作当時の日蓮には、旧仏教の復興者・天台宗の正統的後継者の意識が想像以上に強かったのである。

ただし客観的にみた場合、立正安国の論理をはじめとする日蓮の思想の骨格が旧仏教や天台とかなり異なったものとなっていることは、冒頭の「解説」でも述べたとおりである。日蓮が主観的にも「天台沙門」の意識を完全に克服するのは、天台や最澄を超えて久遠《くおん》の釈尊との直接のつながりを意識するようになる、佐渡流罪期以降を待たなければならなかった。

第七段

【読み下し】

客則ち和《やわら》ぎて曰く、経を下《くだ》し僧を謗《ほう》ずること一人《いちにん》として論じ難し。然れども大乗経六百三十七部二千八百八十三巻、并《ならび》に一切の諸仏・菩薩及び諸《もろもろ》の世《せ》天等《てんとう》を以て、捨《しゃ》・閉《へい》・閣《かく》・抛《ほう》の四字に載《の》す。其の詞《ことば》勿論なり、其の文顕然《けんねん》なり。此《こ》の瑕瑾《かきん》を守りて其の誹謗《ひぼう》を成《な》す。迷いて言うか、覚《さと》って語るか。賢愚《けんぐ》弁《わか》たず、是非定め難《がた》し。但し災難の起りは選択《せんちゃく》に因《よ》るの由《よし》、盛んに其の詞《ことば》を増し弥《いよいよ》其の旨を談ず。所詮、天下泰平国土《こくど》の安穏《あんのん》は、君臣の楽《ねが》う所《ところ》土《ど》民《みん》の思う所なり。夫《そ》れ国は法に依《よ》って昌《さか》え、法は人に因《よ》って貴《たっと》し。国亡《ほろ》び人滅せば、仏《ほとけ》を誰《たれ》か崇《あが》むべき、法を誰か信ずべきや。先《ま》ず国家を祈って須《すべか》らく仏法を立つべし。若し災《わざわい》を消し難《なん》を止《とど》むるの術《じゅつ》有らば聞かんと欲す。

主人曰く、余は是れ頑愚《がんぐ》にして敢《あえ》て賢を存せず。唯経文《ただきょうもん》に就《つ》きて聊《いささ》か所存を述べん。抑治術《そもそもちじゅつ》の旨《むね》、内外《ないげ》の間《あいだ》に其の文幾多《もんいくばく》ぞや。具《つぶさ》に挙《あ》ぐべきこと難《かた》し。但し仏道に入《い》りて数《しばしば》愚案《ぐあん》を廻《めぐ》らすに、謗法《ほうぼう》の人《ひと》を禁《きん》じて正道《しょうどう》の侶《りょ》を重んぜば、国中安穏《こくちゅうあんのん》にして天下泰平ならん。

即ち涅槃経《ねはんぎょう》に云《いわ》く、「仏《ほとけのたま》言わく、唯一人《ただいちにん》を除きて余《よ》の一切に施《ほどこ》さば皆讃歎《さんだん》すべし。純《じゅん》陀《だ》問うて言《いわ》く、云何《いか》なるをか名《なづ》けて唯除一人《ゆいじょいちにん》と為《な》すや。仏言《のたま》わく、此の経の中に説く所の如きは破戒《はかい》なり。純陀復言《またいわ》く、我今《われいま》未だ解《げ》せず、唯《ただ》願わくば之《これ》を説きたまえ。仏純陀に語りて言《のたま》わく、破戒とは謂《いわ》く一闡提《いっせんだい》なり。其の余《よ》の在所一切《あらゆる》に布施《ふせ》するは皆讃《さん》歎《だん》すべし。大《だい》果報を獲《え》ん。純陀復《また》問う。一闡提とは其の義云何《いかん》。仏言《のたま》わく、純陀、若し比丘《びく》及び比丘尼《びくに》・優婆塞《うばそく》・優婆夷《うばい》有りて、麁悪《そあく》の言《ことば》を発《はっ》し正法《しょうぼう》を誹謗《ひほう》し、是《こ》の重業《じゅうごう》を造りて永く改悔《かいげ》せず、心に懺悔《さんげ》無《な》からん。是《かく》の如き等《ら》の人を名《なづ》けて一闡提の道に趣《しゅ》向《こう》すと為す。若し四重《しじゅう》を犯《おか》し五逆罪《ごぎゃくざい》を作り、自《みずか》ら定めて是の如き重事《じゅうじ》を犯すと知れども、而《しか》も心に初めより怖畏《ふい》、懺悔《さんげ》無く、肯《あえ》て発露《ほつろ》せず。彼《か》の正法において永く護惜建《ごしゃくこん》立《りゅう》の心無く、毀呰軽賤《きしきょうせん》して言《ことば》に禍咎《かぐ》多からん。是《かく》の如き等《ら》を亦《また》一闡提の道に趣向すと名《なづ》く。唯此《ただかく》の如き一闡提の輩《ともがら》を除きて、其の余に施さば一切讃歎《さんだん》すべし」と。

又云く、「我往昔《われむかし》を念《おも》うに、閻浮提《えんぶだい》において大国の王と作《な》れり。名を仙予《せんよ》と曰《い》う。大乗経典を愛念し敬重《きょうじゅう》し、其の心純善《じゅんぜん》にして麁悪嫉悋《そあくしつりん》有ること無し。善男子《ぜんなんし》、我爾《われそ》の時において心に大乗を重んず。婆羅門《ばらもん》の方等《ほうどう》を誹謗《ひほう》するを聞き、聞き已《おわ》りて即時に其の命根《みょうこん》を断ず。善男子《ぜんなんし》、是《こ》の因縁《いんねん》を以て是《これ》より已来《このかた》地獄に堕《お》ちず」と。又云く、「如来、昔国王と為《な》りて菩薩《ぼさつ》道を行《ぎょう》ぜし時、爾所《そこばく》の婆羅門《ばらもん》の命《いのち》を断絶す」と。又云く、「殺《せつ》に三有り、謂《いわ》く下中上《げちゅうじょう》なり。下とは、蟻子《ぎし》乃至《ないし》一切の畜生なり。唯《ただ》菩薩示現生《じげんしょう》の者を除く。下殺《げせつ》の因縁を以て、地獄・畜生・餓鬼に堕《お》ちて、具《つぶさ》に下《げ》の苦を受く。何を以ての故に。是《こ》の諸《もろもろ》の畜生に微《み》の善根《ぜんごん》有り。是《こ》の故に殺さば具《つぶさ》に罪報を受く。中殺《ちゅうせつ》とは、凡夫人《ぼんぶにん》より阿那含《あなごん》に至るまで、是《これ》を名《なづ》けて中と為《な》す。是の業因《ごういん》を以て、地獄・畜生・餓鬼に堕ちて、具《つぶさ》に中《ちゅう》の苦を受く。上殺《じょうせつ》とは、父母乃至阿羅漢《あらかん》・辟支仏《ひゃくしぶつ》・畢定《ひつじょう》の菩薩《ぼさつ》なり。阿鼻《あび》大地獄の中に堕つ。善男子、若《も》し能《よ》く一闡提を殺すこと有らん者は、則ち此《こ》の三種の殺《せつ》の中に堕ちず。善男子、彼《か》の諸《もろもろ》の婆羅門《ばらもん》等は一切皆是れ一闡提なり」と已上。

仁王《にんのう》経に云く、「仏《ほとけ》、波斯匿王《はしのくおう》に告げたまわく、是の故に諸の国王に付属《ふぞく》して、比《び》丘《く》・比丘尼《びくに》に付属せず。何を以ての故に。王の威力《いりき》無ければなり」と已上。

涅槃経《ねはんぎょう》に云く、「今《いま》無上の正法《しょうぼう》を以て諸王・大臣・宰相及び四部《しぶ》の衆《しゅ》に付属す。正法を毀《そし》る者をば、大臣・四部の衆《しゅ》応当《まさ》に苦治《くじ》すべし」と。又云く、「仏、迦葉《かしょう》に言《のたま》わく、能《よ》く正法を護持《ごじ》する因縁を以ての故に、是《こ》の金剛身《こんごうしん》を成就《じょうじゅ》することを得たり。善《ぜん》男子《なんし》、正法を護持せん者は、五戒を受けず威儀を修《しゅ》せずして、応《まさ》に刀剣・弓箭《きゅうせん》・鉾《む》槊《さく》を持《じ》すべし」と。又云く、「若《も》し五戒を受持《じゅじ》せん者有らば、名《なづ》けて大乗の人と為すことを得ざるなり。五戒を受けざれども正法を護るを為《もっ》て、乃《すなわ》ち大乗と名く。正法を護る者は応当《まさ》に刀剣・器仗《きじょう》を執持《しゅうじ》すべし。刀杖《とうじょう》を持《たも》つと雖《いえど》も、我《わ》れ是等《これら》を説きて名けて持戒《じかい》と曰《い》わん」と。

又云く、「善男子、過去の世に此《こ》の拘尸那城《くしなじょう》において、仏の世に出でたまうこと有りき。歓喜増益如来《かんぎぞうやくにょらい》と号す。仏《ほとけ》涅槃の後《のち》、正法《しょうぼう》世に住すること無量億歳なり。余《よ》の四十年仏法の末《すえ》、爾《そ》の時に一《ひとり》の持戒の比丘有り。名《な》を覚徳《かくとく》と曰《い》う。爾《そ》の時に多く破戒の比丘有り。是の説を作《な》すを聞き皆《みな》悪心を生じ、刀杖を執持《しゅうじ》して是の法師《ほっし》を逼《せ》む。是の時の国王、名を有徳《うとく》と曰う。是の事《じ》を聞き已《おわ》りて護法の為の故に、即便説法者《すなわちせっぽうしゃ》の所《もと》に往《おう》至《し》して、是の破戒の諸の悪比丘と極《きわ》めて共に戦闘す。爾の時に説法者厄害《やくがい》を免《まぬが》るることを得たり。王、爾の時において身《み》に刀剣箭槊《せんさく》の瘡《きず》を被《こうむ》り、体《たい》に完《まった》き処は芥子《けし》の如き許《ばか》りも無し。爾の時に覚徳尋《かくとくつ》いで王を讃《ほ》めて言《いわ》く、善哉《ぜんざい》善哉、王今真《いままこと》に是《こ》れ正法を護る者なり。当来《とうらい》の世《よ》に此の身当《まさ》に無量の法器《ほうき》と為《な》るべし。王是の時において法を聞くことを得已《えおわ》って、心大いに歓喜し、尋《つ》いで即ち命終《みようじゆう》して阿閦仏《あしゆくぶつ》の国に生じ、彼《か》の仏の為に第一の弟子と作《な》る。其の王の将従《しようじゆう》・人民《にんみん》・眷属《けんぞく》の戦闘すること有りし者、歓喜すること有りし者、一切菩提の心を退せず、命終《みようじゆう》して悉《ことごと》く阿閦仏《あしゆくぶつ》の国に生ず。覚徳比丘却《かえ》りて後《のち》、寿《いのち》終りて亦《また》阿閦仏の国に往生《おうじよう》することを得《え》、彼《か》の仏の為に声聞衆《しようもんしゆ》の中の第二の弟子と作《な》る。若《も》し正法尽きんと欲すること有らん時、応当《まさ》に是《かく》の如く受持し擁護《おうご》すべし。迦葉《かしよう》、爾の時の王とは則ち我が身是《これ》なり。説法の比丘は迦葉仏是《かしようぶつこれ》なり。迦葉、正法を護る者は是《かく》の如き等《ら》の無量の果報を得ん。是《こ》の因縁《いんねん》を以て、我《われ》今日において種種の相を得て、以て自《みずか》ら荘厳《しようごん》し、法身不可壊《ほっしんふかえ》の身を成《じよう》ず。仏、迦葉菩薩に告げたまわく、是の故に法を護らん優婆塞《うばそく》等は、応《まさ》に刀杖を執持して擁護《おうご》すること是《かく》の如くすべし。善男子、我《われ》涅槃の後《のち》、濁悪の世に、国土荒乱《こうらん》し、互《たがい》に相抄掠《あいしようりやく》し人民《ひと》飢餓《きが》せん。爾の時に多く飢餓の為の故に発心《ほっしん》出家するもの有らん。是の如きの人を名《なづ》けて禿人《とくにん》と為《な》す。是《こ》の禿人の輩《ともがら》、正法を護持《ごじ》するを見て駈逐《くちく》して出《いだ》さしめ、若《も》しくは殺し若しくは害せん。是の故に我今《われいま》持戒の人、諸《もろもろ》の白衣《びやくえ》の刀杖を持《たも》つ者に依《よ》りて以て伴侶《はんりよ》と為すことを聴《ゆる》す。刀杖を持《たも》つと雖も、我是等《われこれら》を説きて名《なづ》けて持戒と曰《い》わん。刀杖を持《たも》つと雖も、応《まさ》に命を断ずべからず」と。

法華経《ほけきょう》に云《いわ》く、「若《も》し人《ひと》信ぜずして、此の経を毀謗《きほう》せば、即ち一切世間の仏種《ぶっしゅ》を断ぜん。乃至、其の人命終《みょうじゅう》して、阿鼻獄《あびごく》に入らん」と已上。夫《そ》れ経文顕然《けんねん》なり。私《わたくし》の詞何《ことばなん》ぞ加えん。凡《およ》そ法華経の如くんば、大乗経典を謗《ほう》ずる者は無量の五逆《ごぎゃく》に勝《すぐ》れたり。故に阿鼻大城《あびだいじょう》に堕《お》ちて、永く出《い》ずる期《ご》無けん。涅槃経の如くんば、設《たと》い五逆の供《く》を許すとも謗法の施《せ》を許さず。蟻子《ぎし》を殺す者は必ず三悪道に落つ。謗法を禁《とど》むる者は定めて不退《ふたい》の位《くらい》に登らん。所謂《いわゆる》、覚徳《かくとく》とは是れ迦葉仏《かしょうぶつ》なり。有徳《うとく》とは即ち釈迦文《しゃかもん》なり。法華・涅槃の経教《きょうぎょう》は一代五時の肝心なり。其の禁実《いましめ》に重し。誰《たれ》か帰仰《きごう》せざらんや。而《しか》るに謗法《ほうぼう》の族《やから》、正道《しょうどう》の人を忘れ、剰《あまつさ》え法然《ほうねん》の選択《せんちゃく》に依りて弥《いよいよ》愚癡《ぐち》の盲瞽《もうこ》を増す。是《ここ》を以て、或《あるい》は彼《か》の遺体を忍びて木画《もくえ》の像《ぞう》に露《あらわ》し、或は其の妄説を信じて莠言《ゆうげん》の模《かたぎ》を彫《え》り、之《これ》を海内《かいだい》に弘め之《これ》を墎外《かくがい》に翫《もてあそ》ぶ。仰ぐ所は則ち其の家風《かふう》、施《ほどこ》す所は則ち其の門弟なり。然る間《あいだ》、或は釈迦の手指《しゅし》を切りて弥陀《みだ》の印《いん》相《ぞう》を結び、或は東方如来《とうほうにょらい》の雁宇《がんう》を改めて西土教主の鵝王《がおう》を居《す》え、或は四百余回の如法《にょほう》経《きょう》を止《とど》めて西方浄土《さいほうじょうど》の三部経と成《な》し、或は天台大師の講を停《とど》めて善導《ぜんどう》の講と為す。此の如き群類其れ誠に尽《つく》し難《がた》し。是《こ》れ破仏《はぶつ》に非ずや、是れ破法《はほう》に非ずや。是れ破僧《はそう》に非ずや。此《こ》の邪義《じゃぎ》は則ち選択《せんちゃく》に依るなり。嗟呼《ああ》悲しきかな、如来誠諦《じょうたい》の禁言《きんごん》に背《そむ》くこと。哀れなり、愚侶《ぐりょ》迷惑の麁語《そご》に随うこと。早く天下の静謐《せいひつ》を思わば、須《すべか》らく国中《こくちゅう》の謗法を断《た》つべし。

【現代語訳】

客はすっかり態度を和らげていった。

「法然上人が本当に経典をけなし僧侶を誹謗したのか、私一人ではなんとも判断がつきかねる。しかし、法然上人が大乗経典六三七部、二八八三巻、さらには一切の仏・菩薩・諸天に対する信仰を、「捨」「閉」「閣」「抛」の四文字を掲げてみな放棄させようとしていることは、法然上人自身の言葉をみるに疑問の余地がない。あなたは法然上人の、玉に瑕《きず》ともいうべきこのわずかな欠点をあげて、激しい批判を行っている。これは血迷ってのたわごとにすぎないのであろうか、それともすべてを悟った上での言葉なのであろうか。私にはあなたが賢者なのか愚者なのか、正しいのか誤っているのか、なんとも判断がつきかねる。

ただ、災難の根源が法然上人の『選択集』にあることを、あなたはしきりに強く主張しておられる。結局のところ、天下の泰平と国土の安穏こそは君臣の求めるものであり、民衆の願うものである。国は法によって繁栄し、仏法はそれを信ずる人によって輝きを増す。国が滅び人が尽きてしまったならば、いったいだれが仏を崇め、だれが法を信ずるというのか。

それゆえ、仏法を宣揚するにあたって真っ先に願うべきことは、仏法存続の基盤である国土と人民の安泰でなければならない。もし災いを消し難を止めるすべをご存じであれば、ぜひともお聞きかせ願いたいものだ。」

主人は答えていった。

「私は頑迷な愚者に過ぎず、賢明な方策を知っているわけではない。ただせっかくのお申し出であるので、経文をあげていささか思うところを述べようと思う。

さて、国を治める施策は、仏法でも仏法以外の分野でも、数えきれないほど説かれている。すべてをあげることなどとてもできない。しかし、仏道に入ってつらつら対策を考えてみるに、謗法の人を禁止して正道の僧侶を重んずれば、国中は安穏となり天下は泰平となるであろう。

これについて、『涅槃経』には次のように説かれている。「仏はいわれた。ただ一人を除いて、それ以外の一切の人々に対する布施は讃嘆に値する、と。純陀《じゅんだ》が尋ねていった。だれを指して「ただ一人を除いて」といわれるのか、と。仏が答えられた。ここでいっているのは、破戒者のことである、と。純陀は重ねて尋ねた。私にはまだわかりかねる。いますこし詳しくお話しください、と。仏は純陀に向かっていった。破戒とは一闡提《いっせんだい》をいう。一闡提に対する以外のあらゆる布施は、みな讃嘆に値するものであり、布施を行う者は大きな果報をえるだろう、と。純陀はさらに尋ねた。一闡提とはどのような者をいうのか、と。

仏はいわれた。「純陀よ、出家・在家の男女の信者がいて、粗野な悪口を吐いて、正法を誹謗するという重罪を犯してもいつまでも改めることなく、懺悔の気持を生ずることもない。こういった人物を名付けて、一闡提への道を歩む者というのである。もし四つの重罪を犯し、五逆罪を作って、しかもそうした重罪を犯していることを承知していても、はじめから心に恐れや反省の念をいだくことなく、告白し懺悔することもない。かの正法に対しても大事に守り伝えていこうという意思がなく、逆に誇り軽んじて言葉に過失がおおいだろう。これらの者もまた、一闡提への道を歩む者と名付ける。これらの一闡提を除いて、他の人々に施すことはみな讃嘆されるであろう。」

また『涅槃経』には次のように説かれている。「過去世の事を思い返すと、私はかつてこの世界に生まれて大国の王となり、仙予と名乗ったことがあった。大乗の経典を深く尊んで、その心は善に満ちて、悪意やねたみ・惜しみの気持がなかった。善男子よ、私はそのとき大乗の教えを重んじるあまり、バラモンが大乗を誹謗するのを聞くや、ただちにその者の命を奪った。善男子よ、それが善因となって、以後私は地獄に堕ちたことがない。」

『涅槃経』には次のようにも説かれている。「仏は過去世に国王として菩薩道を実践していたとき、多数のバラモンの命を絶ったことがあった」。

また、次のようにも説かれている。「殺生に三つある。下・中・上の三種類である。下とは、蟻をはじめとする人間以外の一切の生き物の殺害である。ただ、菩薩が衆生救済の縁を結ぶために畜生の姿をとって現れたものを殺す場合は、この範疇に入らない。下殺を犯した者は、それが原因となって地獄・餓鬼・畜生の三悪道に堕ちて、つぶさに下の苦を受ける。その理由は、こういった生き物たちでもわずかな善心をもっているので、殺せば余すところなくその報いを受けるのである。中殺とは、普通の人間からはじまって阿那含《あなごん》の聖者にいたる人々を殺害することをいう。その業因によって地獄・餓鬼・畜生の三悪道に堕ちて、つぶさに中の苦を受ける。上殺とは、父母、あるいは声聞・縁覚の聖者、菩薩を殺害することである。この罪を犯せば阿鼻地獄に堕ちる。善男子よ、たとえ一闡提を殺すことがあっても、この三種類の殺生のなかには入らない。かのバラモンたちはすべて一闡提であるから、殺しても罪にならないのである。」

『仁王経』には次のように説かれている。「仏は波斯匿王《はしのくおう》に告げていわれた。このゆえに、仏法の護持をもろもろの国王に委嘱して、僧や尼には委嘱しなかった。なぜかといえば、僧尼は王のような威力に欠けるからである。」

『涅槃経』には次のように説かれている。「いまこの上なく優れた正法を、諸王・大臣・役人、および道俗の男女に委託する。この正法を誇る者がいたならば、大臣と道俗の男女は厳しく制止しなければならない。」

また『涅槃経』は次のようにいう。「仏はいわれた。迦葉《かしょう》よ、私は過去世に正法を護持した功徳によって、金剛のごときこの仏身を成就することができた。善男子よ、正法を守ろうと思う者は五戒を受けることなく、僧としての威儀をとりつくろうことなく、刀剣や弓矢、鉾を手にすべきである。」

また『涅槃経』はいう。「五戒を受持していても、それだけではその人を大乗の信仰者とはいわない。五戒を受けなくとも、正法を守る者こそ大乗の信者の名に値するのである。正法を護持しようとする者は、刀剣や武器をとるべきである。刀杖を持っても、私は彼らを持戒の人というであろう。」

また『涅槃経』はいう。「善男子よ、過去世にこのクシナガラの城に仏がご出現されたことがあった。名を歓喜増益如来といった。その仏が入滅されて以来、数え切れぬほどの年月の間、正法がこの世に存在し続けた。その後さらに四十年を経過して、仏法が滅び去ろうとするとき、一人の持戒の僧がいた。名を覚徳《かくとく》といった。その時代には多くの破戒の僧がいた。覚徳が法を説くのを聞き、みな憎しみの心を生じ、刀杖を手にして彼を迫害した。

当時国王は有徳《うとく》という人物だった。ことのいきさつを聞いて、法を守るためにただちに覚徳のところに赴いて破戒の悪僧と激しく戦い、彼が危害を受けるのを防ぐことができた。だが王自身はその戦闘において、体中にくまなく刀剣や鉾の傷を受け、無傷の個所は芥子粒ほども残らなかった。覚徳は王を誉めていった。なんとすばらしいことであろうか。いま王は、まさしくまことの正法の護持者である。生まれ変わった世において、その身ははかりしれぬほどの器量の人となるであろう。

　王は説法を聞き終えて心に大きな歓喜を生じ、やがて命を失って阿閦仏《あしゅくぶつ》の国に生まれ、かの仏の第一の弟子となった。その王の将兵・人民・従者たちの中で戦闘に加わった者、説法に歓喜した者たちも、みな決して退転することのない菩提心をえて、死後は一人残らず阿閦《あしゅく》仏の国に生まれた。覚徳比丘《びく》もその後寿命が尽きて阿閦仏の国に往生し、かの仏の第二の弟子となった。もし正法が滅びようとする事態に直面したときには、まさにこの王たちのように、法を受持し守り抜かなければならない。

　迦葉よ、そのときの有徳王とはいまの私である。覚徳比丘とは汝《なんじ》にほかならぬ。迦葉よ、正法を守る者はこのように計り知れぬほどの果報を受けるのである。これが善因となって、私は今日さまざまな良き相をもって我が身を飾り、何ものにも侵されることのない法身《ほっしん》を完成することができたのである。

　仏はまた迦葉菩薩に告げていった。このゆえに、仏法を護持しようと思う在家信徒は刀剣や杖をとって、まさに有徳王のように法を守護しなければならない、と。

　私が涅槃に入った後、濁り切った世には国土は荒廃し、人々は互いに略奪を繰り返して飢えに苦しむだろう。そのとき飢餓に堪えかねて、多くの人々が出家するだろう。そのような形だけの出家者を名付けて「禿人《とくにん》」というのである。この禿人が正法を護持する者をみては、彼を駆り立て追い出し、殺したり傷つけたりするだろう。それゆえ私はいま、戒をたもつまことの僧が、俗人に刀杖を持たせて同行することを許す。たとえ刀杖を所持していても、私はこれらの人々を持戒の者とよぼう。ただし、刀杖を持っていてもみだりに他の命を絶つことは許されない。」

『法華経』には次のように説かれている。「もし人が信ずることなくして、この経を謗ったならば、即座にあらゆる仏の種を断ち（中略）死後は阿鼻地獄に堕ちるだろう。」

以上、経文のいわんとするところは明らかである。私の言葉を付け加える余地はない。『法華経』の説くところによれば、大乗経典を謗る罪は五逆の大罪を数知れぬほど犯すより重いという。そのため阿鼻地獄に堕ちて、長く浮かび上がることができないのである。

また『涅槃経』によれば、五逆罪を犯した者への供養を許しても、正法を謗る者への布施は認めないという。蟻を殺しても必ず三悪道に堕ちるが、正法を誹謗する者を制止すれば、まちがいなく不退転の菩薩の位に昇るのである。覚徳とは後の迦葉仏である。有徳王とは釈迦仏にほかならない。『法華経』『涅槃経』は釈迦が一代五時にわたって説いた教えの眼目であり、そこに説かれる戒めはまことに重い。その言葉を仰ぎ守らない者があろうか。

ところが謗法者たちは、正しい法をたもつ者の存在を忘れている。のみならず法然の『選択集』の影響でますますおろかでかたくなに、真実に対して耳をふさぎ目をふさいでいる。その結果、ある者は法然の面影を偲んでその木像・絵像を造り、ある者は彼の妄説を信じて『選択集』を版木に彫り、その邪義をあまねく天下に広めている。

民が仰ぐものは専修念仏の家風であり、彼らが布施を与えるのは法然の門流だけである。そのあげく、ある者は釈迦像の手と指を切り取って弥陀の印相《いんぞう》に変え、ある者は薬師如来の堂舎を改めて阿弥陀如来の堂とする始末である。またある者は四百年以上の伝統を重ねた如法経写経供養を停止して、浄土三部経のための供養とし、ある者は天台大師講を廃止して、善導の講に変えたりしている。こうしたことをする人々は、数えきれないほど多い。これを、仏を謗る行為といわずしてなんといおうか。法を破り、僧を貶《おとし》める行為でなくてなんであろうか。この邪義を生み出した根源は、ひとえに『選択集』にあるのである。

如来の真実の戒めに背くとは、なんと悲しいことであろうか。愚かな僧が人を惑わさんとする邪説に従うことは、まことに哀れである。一日も早く天下の安穏を実現しようと思うならば、まず国中の謗法を断つ以外に方法はないのである。」

【語釈】

○**「国は法によって繁栄し、仏法は……輝きを増す」**　中世では「仏法」と「王法」、「仏法」と「人法」がそれぞれ相互に不可欠であるとする、「仏法王法相依論」「仏法人法相依論」とよばれる論理が盛んに主張されていた［佐藤一九九八a］。「国は法によって繁栄」する、「仏法はそれを信ずる人によって輝きを増す」という主張は一見それと類似しているが、両者の間にはかなり大きな懸隔が存在した（「解説」三七頁参照）。

○「仏はいわれた……讃嘆されるであろう」『大般涅槃経』一切大衆所問品の文（正蔵一二、四二五頁上〜中）。
○四つの重罪　四重禁戒。殺生・偸盗《ちゆうとう》・邪淫・妄語の四つをいう。
○五逆罪　第四段の【語釈】（二〇六頁）参照。
○「過去世の事を思い返すと……地獄に堕ちたことがない」『大般涅槃経』聖行品の文（正蔵一二、四三四頁下）。
○「仏は過去世に……命を絶ったことがあった」『大般涅槃経』梵行品の文（正蔵一二、四五九頁上）。
○「殺生に三つある……殺しても罪にならないのである」『大般涅槃経』梵行品の文（正蔵一二、四六〇頁中）。
○菩薩が衆生救済の縁を結ぶために畜生の姿をとって現れた　菩薩は衆生を救うために、あえて畜生などの悪道の身として示現《じげん》することがある。
○阿那含　小乗の聖者の悟りの位。再び欲界に生まれることがない地位であるゆえに、不還《ふげん》果《か》・不来果ともいう。
○阿鼻地獄　無間《むけん》地獄。八大地獄のうち、もっとも重罪の者が堕ちる地獄。
○「仏は波斯匿王に……欠けるからである」『仁王経』受持品の文（正蔵八、八三二頁中）。
○「いまこの上なく優れた正法を……制止しなければならない」『大般涅槃経』寿命品の文（正

蔵一二、三八一頁上～中）。日蓮は権力による正法擁護・悪法退治の根拠としてこの言葉を好み、他の著作にも引用する。この一文は『注法華経』にもみえる（定注上、三六三頁）。

○「**仏はいわれた。迦葉よ……鉾を手にすべきである**」『大般涅槃経』金剛身品の文（正蔵一二、三八三頁中）。

○「**五戒を受持していても……持戒の人というであろう**」『大般涅槃経』金剛身品の文（正蔵一二、三八四頁上～中）。

○「**善男子よ、過去世に……命を絶つことは許されない**」『大般涅槃経』金剛身品の文（正蔵一二、三八三頁下～八四頁中）。

○**クシナガラ**　中インドにあった城。釈迦入滅の地として知られる。

○**覚徳・有徳**　この覚徳比丘と有徳王の説話を、権力者と仏法者の理想の関係を示すものとして、日蓮はその遺文の随所に引用する。その真偽問題が論争を呼んでいる『三大秘法抄』にも引かれる（定遺二、一八六四頁）。

○**阿閦仏**　東方阿比羅提《あびらてい》（妙喜）世界の教主。

○**法身**　法身仏。永遠不滅の法の擬人的表現。

○「**もし人が信ずることなくして……阿鼻地獄に堕ちるだろう**」第四段の【語釈】（一〇六頁）参照。

○**不退転**　ひとたびえた果報から、決して転落することのない地位。

○**「釈迦像の手と指を切り取って……」** 仏像の種類は手の結び方（印相）によって区別された。説法印を結ぶ釈迦像の手を弥陀定印に変えれば、阿弥陀像となった。
○**如法経写経供養** 如法経とは如法清浄《しょうじょう》に書写した経という意味。法華経の書写であることが多い。これは比叡山横川で行われた、慈覚大師円仁に始まる如法経会を指す。
○**天台大師講** 天台宗の開祖、智顗の忌日である一一月二四日を定日として行われた法会。霜月会ともいう。最澄によって始められ、日本天台宗の伝統法会となっていた。日蓮の教団にも受け入れられ、主要な行事となった。
○**善導の講** 善導の功績を讃えてその報恩のため、忌日である三月一四日に浄土宗諸派で行われる法会。

【解説】

この段冒頭の、「客はすっかり態度を和らげていった」という言葉から、それまでの厳しい対立がゆるみ、客がようやく主人の主張に耳を傾けはじめたことを知ることができる。客はすでに前段において軟化の兆しをみせはじめており、ここに至ってさらに態度を和らげたことに、第六段で行った念仏批判が一定の説得力をもつものであったことを窺わせる。
それに続いて、客は「法然上人が本当に経典をけなし僧侶を誹謗したのか、私一人ではなんとも判断がつきかねる」旨の言葉を述べるが、大乗仏典や、仮にも僧の姿をした者に対しては無条件に敬意を払うべきであるという主張は、当初以来客の一貫した立場であった。こうした信念に基づいて、彼が法然を弾劾する主人を非難してきたことも、すでにみてきた通りである。

ところが、そうした立場から、それまで法然の専修念仏をも正法の一つとして無批判に容認してきた客は、ここまで繰り返しなされてきた、実は法然こそが「経典をけなし僧侶を誹謗」するものであるという主人の批判によって、その信念がしだいに揺らぎはじめていた。「私にはあなたが賢者なのか愚者なのか、正しいのか誤っているのか、なんとも判断がつきかねる」という言葉は、客の揺れる心中を端的に示すものであろう。

そこで客はここで主人に対する批判を一旦停止して、あなたは法然の『選択本願念仏集』こそが災害の元凶であるとしきりに主張されるが、それではいったい災禍を止めるためにはいかなる手段を講ずればよいとお考えか、と述べて主人の主張に素直に耳を傾けようとするのである。

その際、この段で客によって主張される「先ず国家を祈って須《すべか》らく仏法を立つべし」という言葉は、通説が説くように「仏法」に対する「国家」の優位を主張するものではなく、民衆の平和な生活＝「安国」実現の緊要性を説くものであったことは、冒頭の「解説」で論じたとおりである。客はここでは、主人の「仏法為本」の立場に対立する自己の「王法為本」の見解を積極的に述べようとしたわけではない。安国こそが現下の最重要かつ緊急の課題であり、その課題に応えうるものは仏法しかないゆえに、仏法宣揚はまず安国を目的としてなされなければならないとする、この時点における両者の了解事項を語ったにすぎないのである。その点からすれば、破格ではあっても、「国家を祈るを先として、すべからく仏法を立つべし」と読んだほうが、日蓮の真意に即しているかもしれない。

　安国実現に果たす仏法の不可欠性を確認した二人に残された対立は、いまや宣揚すべき仏法の中身の問題だけとなった。これ以降の議論は、安国の前提としての「立正」の具体的方策の問題に集中することになる。

　災害を止めるための方法を尋ねる客に対し、主人は法然の教えが『法華経』『涅槃経』などの大乗経を誹謗する「謗法」の教えであること、それゆえ何をおいてもまず法然の専修念仏を禁止すべきことを、重ねて主張するのである。

　なお、中山法華経寺の真筆本は、「正法を誹謗するという重罪を犯しても……以後私は地獄に堕ちたことがない」の部分（第二四紙一紙分）の真筆を欠いている。この個所は別筆となっており、慶長六年（一六〇一）一一月六日、功徳院日通《くどくいんにっつう》が身延本の真蹟から書写した旨が注記されている。

第八段

【読み下し】

客の曰く、若《も》し謗法《ほうぼう》の輩《ともがら》を断《だん》じ、若し仏禁《ぶっきん》の違《い》を絶《た》たんには、彼《か》の経文の如く斬罪《ざんざい》に行うべきか。若し然らば殺害相加《せつがいあいくわ》え、罪業何か為《ざいごういかんせ》んや。則ち大集経《だいじっきょう》に云《いわ》く、「頭《こうべ》を剃《そ》り袈裟《けさ》を著《ちゃく》せば、持戒《じかい》及び毀戒《きかい》をも、天人彼《てんにんかれ》を供養すべし。則ち為《こ》れ我《われ》を供養するなり。彼は是《こ》れ我が子なり。若し彼《かれ》を撾打《たちょう》すること有れば、則ち為れ我が身を打つなり。若し彼を罵辱《めにく》せば、則ち為《こ》れ我《われ》を毀辱《きにく》するなり」。料《はか》り知りぬ。善悪を論ぜず、是非を択《えら》ぶこと無く、僧侶為《た》らんにおいては供養を展《の》ぶべし。何ぞ其の子を打辱《ちょうにく》して忝《かたじけ》なくも其の父を悲哀せしめん。彼《か》の竹杖《ちくじょう》の目連尊者《もくれんそんじゃ》を害せしや永く無間《むけん》の底に沈み、提婆達多《だいばだった》の蓮華比丘尼《れんげびくに》を殺せしや久しく阿鼻《あび》の焔《ほのお》に咽《むせ》ぶ。先証斯《せんしょうこ》れ明《あき》らかなり。後昆《こうこん》最も恐《おそ》れあり。謗法《ほうぼう》を誡《いまし》むるに似て既に禁言《きんげん》を破す。此の事《じ》信じ難し、如何《いかん》か意《こころ》を得ん。

主人曰く、客、明らかに経文を見て猶斯《なおこ》の言《げん》を成す。心の及ばざるか、理の通ぜざるか。全く仏子《ぶつし》を禁むるに非ず、唯偏《ただひとえ》に謗法を悪《にく》むなり。夫《そ》れ釈迦の以前の仏教は其の罪を斬ると雖《いえど》も、能仁《のうにん》の以後《いご》の経説は則ち其の施《せ》を止《とど》む。然れば則ち四海万邦《しかいばんぽう》一切の四衆《ししゅ》、其の悪に施《ほどこ》さず皆此《みなこ》の善に帰せば、何《いか》なる難か並《なら》び起り、何《いか》なる災《わざわい》か競《きそ》い来《きた》らん。

【現代語訳】

客はいった。

「正法を誹謗する者を断罪し、仏の戒めに背く者を根絶するためには、いまあなたがあげた経文に説かれるように、彼らの罪を責めて殺してしまえとおっしゃるのか。それでは、殺生の罪を重ねることになるではないか。その罪業はどうなるのか。

『大集経』には、次のように説かれている。「かりそめにも頭を剃り袈裟を着た者は、持戒の者であろうと破戒の者であろうと、天衆と人間は常にその人を供養しなければならない。彼らを供養することは、とりもなおさず仏である私を供養することである。彼らは我が子である。もし彼らを殴打することがあれば、それは仏である私を打つことである。もし彼らを罵《ののし》り辱《はずかし》めることがあれば、それは仏である私を辱めることにほかならない。」

この経文から推し量るに、その人物の善悪や是非を論ずることなく、僧侶たる者に対しては供養を捧げるべきである。仏子である僧を打ち辱めて、その父である仏に悲しい思いをさせてよいものであろうか。かつて釈迦の弟子である目連尊者を殺害した竹杖外道《げどう》は、長く無間地獄の底に沈み、蓮華比丘尼《れんげびくに》を殺した提婆達多《だいばだった》は、久しく阿鼻地獄の炎に焼かれることになった。先例はかくも明白である。後世に生きる我々は恐れ慎むべきであろう。あなたは正法を誹謗する者を戒めようとしているようにみえるが、実は仏の禁則を破っているのだ。そんなあなたのいうことはとてもにわかには信じられない。この点をどのように考えればよいのであろうか。」

主人はいった。

「あなたはこれほどはっきりと証拠の経文を目にしながら、まだそのようなことをおっしゃる。これはまだ理解が及ばないのであろうか。あるいは道理が通じないのであろうか。私はただ謗法者への供養を止めよと主張しているだけであって、決して念仏の僧を力ずくで弾圧せよといっているわけではない。私は正法を謗る者が許せないだけなのである。釈迦以前の仏教は謗法者を容赦なく殺害したが、釈迦が世に出られてからは謗法者への布施を止めるようになった。この世のありとあらゆる人々が謗法の僧侶への布施を停止し、みな正しい教えに帰依したならば、いかなる災難が競い起こることがあろうか。」

【語釈】

○**「かりそめにも頭を剃り……辱めることにほかならない」**『大方等大集経』月蔵分法滅尽品の文（正蔵一三、三七九頁下）。

○**「目連尊者を殺害した竹杖外道は……」**目連（目犍連《もくけんれん》）は釈迦の十大弟子の一人。彼を打ち殺した竹杖外道（執杖梵志）は、その報いで地獄に堕ちたとされる。『増一阿含経』などに説かれる（正蔵二、六三九頁中）。

○**「蓮華比丘尼を殺した提婆達多は……」**提婆達多は釈迦の従兄。釈迦の弟子となったが、のちに背いて敵対した。悪意を抱いて父阿闍世《あじゃせ》王に面会しようとしたとき、それを叱責した蓮華比丘尼（優波羅《うばら》比丘尼）を殺したため、地獄に堕ちたといわれる。『摩訶摩耶経《まかまやきょう》』などに説かれる（正蔵一〇、一〇一〇頁下）。

【解説】

前段で主人は、災害防止の前提として謗法禁断の重要性を論じたが、その際、正法を守るためには武装することも必要であり、場合によっては謗法者を殺害しても許される、といった文脈で捉えられる経文を引用していた。

客はこの点を問題にして、謗法者だからといってその者を殺害すれば罪を重ねる結果となるのは必至であり、むしろ「その人物の善悪や是非を論ずることなく、僧侶たる者に対しては供養を捧げるべきである」と述べる。かりにも出家の姿をした者はとりあえず尊敬の念を払うべきであるという意見が、客の本来的な立場であることはすでにみてきた通りである。末法においてはもはや持戒などありえないのだから、無戒・破戒を問わず僧を重んずべきだとする主張も、最澄作とされる『末法灯明記《まつぽうとうみようき》』の流布などを通じて、この時期にかなり広まっていた考え方だった。客はここで、悪法と正法を厳しく峻別すべきだとする主人に対し、最後の抵抗を試みるのである。

「これほどいっても、あなたはまだわからないのか」

主人は客の頑迷さに嘆息しつつ、釈迦が世に出て仏法を説いてからは、謗法の禁断とはその殺害ではなく、布施をやめることがそれにあたるのだ、と述べるのである。

日蓮が正法護持を名目として門徒の武装を肯定していることは、後に問題にされ佐渡流罪の原因となるが、その源流はすでにここにみられる。ただし、この理論が日蓮のまったくのオリジナルかといえば、必ずしもそうとは断言できない。平安時代の後半から南都北嶺では武装した悪僧の跳梁《ちようりよう》が顕著となった。日蓮が留学した当時の比叡山でも、悪僧は大きな力をもっていた。日蓮の武装肯定の論理は、南都北嶺の悪僧たちの武装正当化の論理を受け継いだものである可能性がある。

第九段

【読み下し】

客則ち席を避け襟を刷《つくろ》いて曰《いわ》く、仏教斯《こ》れ区《まちまち》にして旨趣《ししゅ》窮《きわ》め難《がた》く、不審多端《たたん》にして理非明《あき》らかならず。但《ただ》し法然聖人《ほうねんしょうにん》の選択《せんちゃく》は現在なり。諸仏・諸経・諸菩薩・諸天等を以て、捨閉閣抛《しゃへいかくほう》に載《の》す。其の文顕然《もんけんねん》なり。茲《ここ》に因《よ》りて聖人《しょうにん》国を去り善神所《ぜんじんところ》を捨て、天下飢渇《きかつ》し世上疫病《せじょうえきびょう》すと。今《いま》主人広く経文を引きて明らかに理非を示す。故《ゆえ》に妄執《もうしゅう》既に翻《ひるがえ》り耳目《にもく》数《しばしば》朗《ほが》らかなり。所詮《しょせん》国土泰平天下《てんか》安穏《あんのん》は、一人《いちにん》より万民《ばんみん》に至るまで好む所なり、楽《ねが》う所なり。早く一闡提《いっせんだい》の施《せ》を止《とど》め永く衆《しゅ》の僧尼の供《く》を致し、仏海《ぶっかい》の白浪《はくろう》を収《おさ》め法山《ほうざん》の緑林《りょくりん》を截《き》らば、世は義農《ぎのう》の世と成り国は唐虞《とうぐ》の国と為《な》らん。然《しか》して後《のち》、法《ほっ》水《すい》の浅深《せんじん》を斟酌《しんしゃく》し、仏家《ぶっけ》の棟梁《とうりょう》を崇重《そうじゅう》せん。

主人悦《よろこ》びて曰《いわ》く、鳩《はと》化して鷹《たか》と為《な》り雀《すずめ》変じて蛤《はまぐり》と為《な》る。悦ばしきかな、汝蘭室の友に交《まじわ》りて麻畝《まほ》の性《しょう》と成《な》る。誠に其の難を顧みて専ら此《こ》の言《ことば》を信ぜば、風和《やわら》ぎ浪《なみ》静かにして不日《ふじつ》に豊年ならんのみ。但し人の心は時に随いて移り、物《もの》の性《しょう》は境《きょう》に依りて改まる。譬《たと》えば猶《なお》水中の月の波に動き、陳前《じんぜん》の軍《いくさ》の剣《つるぎ》に靡《なび》くがごとし。汝当座《とうざ》は信ずと雖《いえど》も後《のち》定めて永く忘れん。若《も》し先《ま》ず国土を安んじて現当《げんとう》を祈らんと欲せば、速かに情慮《じょうりょ》を廻《めぐ》らし悤《いそ》ぎ対治を加えよ。

所以《ゆえ》は何《いかん》。薬師経の七難の内、五難忽《たちま》ちに起り二難猶《なお》残せり。所以《いわゆる》他国侵逼《しんぴつ》の難・自《じ》界叛逆《かいほんぎゃく》の難なり。大集経《だいじっきょう》の三災の内、二災早く顕《あらわ》れ一災未だ起らず。所以《いわゆる》兵革《ひょうがく》の災なり。金光明経《こんこうみょうきょう》の内、種種の災過《さいか》一一《いちいち》に起ると雖《いえど》も、他方の怨賊《おんぞく》国内を侵掠《しんりゃく》する、此の災《さい》未だ露《あらわ》れず此の難未だ来《きた》らず。仁王経《にんのうきょう》の七難の内、六難今盛《いまさか》りにして一難未だ現《げん》ぜず。所以《いわゆる》四方《しほう》の賊来りて国を侵《おか》すの難なり。「加之《しかのみならず》国土乱れん時は先ず鬼神《きじん》乱る。鬼神乱るるが故に万民乱る」と。今《いま》此の文《もん》に就きて具《つぶさ》に事《こと》の情《こころ》を案ずるに、百鬼早く乱れ万民多く亡《ほろ》ぶ。先難《せんなん》是《こ》れ明らかなり、後災《こうさい》何ぞ疑わん。若し残る所の難、悪法の科《とが》に依りて並《なら》び起り競《きそ》い来《きた》らば、其の時何《いかん》か為《せ》んや。帝王は国家を基《もと》として天下《てんか》を治め、人臣《じんしん》は田園を領して世上《せじょう》を保つ。而《しか》るに他方の賊来りて其の国を侵逼《しんぴつ》し、自《じ》界叛逆《かいほんぎゃく》して其の地を掠領《りゃくりょう》せば、豈《あに》驚かざらんや、豈騒がざらんや。国を失い家を滅《めっ》せば何《いず》れの所にか世を遁《のが》れん。汝須《すべか》らく一身《いっしん》の安堵《あんど》を思わば、先ず四表《しひょう》の静謐《せいひつ》を禱《いの》るべき者か。

就中《なかんずく》、人《ひと》の世《よ》に在るや各《おのおの》後生《ごしょう》を恐る。是《ここ》を以て或《あるい》は邪教を信じ、或は謗法《ほうぼう》を貴《たっと》ぶ。各《おのおの》是非に迷うことを悪《にく》むと雖も、而も猶《なお》仏法に帰《き》することを哀れむ。何《なん》ぞ同じく信心の力を以て、妄《みだ》りに邪義《じゃぎ》の詞《ことば》を宗《あが》めんや。若し執心《しゅうしん》翻《ひるがえ》らず亦曲意《またきょくい》猶《なお》存せば、早く有為《うい》の郷《ごう》を辞して必ず無間《むけん》の獄《ごく》に堕ちなん。所以《ゆえ》は何《いかん》。大集経《だいじっきょう》に云《いわ》く、「若し国王有りて無量世において施《せ》・戒《かい》・恵《え》を修《しゅ》すとも、我が法の滅せんを見て捨てて擁護《おうご》せざれば、是《かく》の如く種《う》うる所の無量の善根《ぜんごん》悉《ことごと》く皆滅失《めっしつ》して、乃至《ないし》、其の王久しからずして当《まさ》に重病に遇《あ》い、寿終《じゅじゅう》の後《のち》大地獄に生ずべし。王の如く夫人《ぶにん》・太子・大臣・城主・柱師《ちゅうし》・郡主・宰官《さいかん》も亦復《またかく》是の如くならん」と。仁王経に云く、「人《ひと》仏教を壊《やぶ》らば、復《また》孝子無く、六親《ろくしん》不和にして天神《てんじん》も祐《たす》けず、疾疫《しつえき》・悪鬼日《ひび》に来りて侵害《しんがい》し、災怪《さいけ》首尾《しゅび》し、連禍《れんか》縦横《じゅうおう》し、死して地獄・餓鬼・畜生に入らん。若《も》し出《い》でて人と為《な》らば兵奴《ひょうぬ》の果《か》報《ほう》ならん。響《ひびき》の如く影の如く、人の夜書《しょ》するに火は滅すれども字は存するが如く、三界の果報も亦復《またかく》是の如し」と。法華経第二に云く、「若し人《ひと》信ぜずして、此《こ》の経を毀《き》謗《ほう》せば、乃至、其の人命終《みょうじゅう》して、阿鼻獄《あびごく》に入らん」と。又同第七巻不軽品《ふきょうぼん》に云く、「千劫《せんこう》阿鼻地獄において大苦悩を受く」と。涅槃経に云く、「善友を遠離《おんり》し正法《しょうぼう》を聞かず悪法に任せば、是《こ》の因縁《いんねん》の故に沈没《ちんもつ》して阿鼻地獄に在りて、受くる所の身形《しんぎよう》縦横八万四千ならん」と。広く衆経《しゆきよう》を披《ひら》きたるに専ら謗法《ほうぼう》を重しとす。悲しきかな、皆正法《みなしようぼう》の門《もん》を出《い》でて深く邪法の獄《ごく》に入る。愚かなり、各《おのおの》悪教の綱《つな》に懸《かか》りて鎮《とこしえ》に謗教《ほうきよう》の網《あみ》に纏《まと》わる。此《こ》の朦霧《もうむ》の迷い、彼の盛焔《じようえん》の底に沈む。豈愁《あにうれ》えざらんや、豈苦しからざらんや。汝早く信仰《しんごう》の寸心《すんしん》を改めて速《すみや》かに実乗《じつじよう》の一善《いちぜん》に帰《き》せよ。然《しか》れば則ち三界は皆仏《みなぶつ》国《こく》なり。仏国其れ衰えんや。十方《じつぽう》は悉く宝土《ほうど》なり。宝土何ぞ壊《やぶ》れんや。国に衰微《すいび》無く土《ど》に破壊《はえ》無くんば、身《み》は是《こ》れ安全にして心は是れ禅定《ぜんじよう》ならん。此《こ》の詞《ことば》、此の言《こと》、信ずべく崇《あが》むべし。

【現代語訳】

ここまで聞いて、客は座から下り襟を正し、端座していった。

「仏の教えはさまざまであって、その真意を究めることは容易ではない。まだ不審な点も多く、どれが正しくどれが誤っているかも明白ではない。しかし、法然上人の『選択集』はいま目の前にあり、そこでは諸仏・諸経・諸菩薩・諸天をみな「捨」「閉」「閣」「抛」すべきであるとはっきりと主張されている。

この著作が原因となって聖人は国を去り、善神はこの地を捨てて、天下は飢饉に襲われ、疫病が蔓延している。あなたはいま広く経文を引いて、明確にことの理非を示された。私の妄執はあなたの教えによって翻り、正道に復帰することができた。

思うに国土が泰平であり天下が安穏であることは、上は国王から下は万民に至るまでそれを願わない者はない。速やかに謗法者に対する布施を止めて、長きにわたって多くの正法の僧尼に供養し、仏教界に巣くう賊を退治するならば、世は中国の聖代である伏義《ふっき》・神農《しんのう》のそれのごとき理想の社会となり、国は尭《ぎょう》・舜《しゅん》の治世のごとき平和な時代を迎えるであろう。その上で、仏教のさまざまな教えの浅深をよく見極め、棟梁と仰ぐべき最高の教えを崇めるとしよう。」

主人は喜んでいった。

「鳩が変化して鷹となり、雀が蛤に変身するというのは、まさにこのことである。まことに喜ばしいこと限りがない。あなたは正法をたもつ友に交わって、いま麻の中に生える蓬《よもぎ》のように、まっすぐな正道に立ち返った。近年の災害を思い起こして、私の言葉を受け入れたならば、風は収まり波は静まって、たちどころに豊かな実りが実現するだろう。

ただし人の心は時にしたがって移ろいやすく、物の性質は環境によって変化するものである。たとえば水に映った月が波によって揺らめき、戦場に臨んだ軍勢が敵の剣におののいて動揺するようなものである。あなたはこの場では私の言葉を信じたとしても、時が経てばきっと忘れてしまうだろう。もし国土を安穏にして現世と後生の安楽を祈ろうと心から願うのであれば、速やかに思慮を巡らし、早急に対策を講じる必要がある。

なぜなら、先にあげた『薬師経』の七難のうち五難はすでに起こったが、まだ二難が残っているからである。いわゆる「他国侵逼の難」（外国の侵略）と「自界叛逆の難」（内乱）である。『大集経』についていうならば、三災のうち二つは早々に出現したが、ひとつだけはいまだに起こっていない。いわゆる「兵革の災」（戦乱）である。

また『金光明経』で説かれるさまざまな災害は逐一発生しているが、「他方の怨賊が国内を侵略する」という難は現れていない。『仁王経』でも、そこに説かれる七難のうち六難はいままさに盛んであるが、一難だけはまだ現れていない。「四方の賊が来襲して国を侵す難」である。

『仁王経』にはまた、「国土が乱れるときにはまず鬼神が乱れる。鬼神が乱れるがゆえに万民が乱れる」という文がある。いまこの経文に照らして詳しく現状を分析すると、鬼神たちはすでにしきりに暗躍し、民衆が多く死亡している。これが前兆となる災いであることは明白である。これに続いて本格的な災害が起こることは、もはや疑問の余地がない。もしこれらの経典に説かれている未発の災害が、悪法流布を契機として一挙に生じたならば、いったいどう対処するというのか。

帝王は国家を基盤として天下を治め、人民は田園を領有して世を渡っている。異国の賊が来襲してその国を侵略し、内乱が起こって土地を略奪されるような事態になれば、驚かずにいられれようか。あわてずにいられれようか。国が失われ家が滅んでしまえば、いったいどこに逃げるというのか。あなたが自身の安全を確保したいと願うのであれば、まず国土全体の静謐を祈ることが不可欠なのだ。

この世に生きる人々がとりわけ恐れているのは、死後のことである。だからこそ、ある者は極楽往生を説く法然の邪義を信じ、正法を謗る教えを貴んでいる。彼らがそれぞれ仏法の邪正に迷っているのは憎むべきことだが、仏法に救いを求めるその心情は哀れである。同じく仏法を信仰するならば、邪義ではなく正しい教えに帰すべきである。もしその執着の心が翻ることなく、いつまでも誤った教えを信奉していれば、早々にこの世界を去って必ずや無間地獄に堕ちるだろう。

その理由を述べよう。『大集経』には次のように説かれている。「もし国王がいて、その王が数えきれないほどの過去世において布施・持戒・智恵の修行を積んできたとしても、我が仏法が滅び去ろうとするのを見捨てて守ろうとしないならば、それまで積み重ねてきた無量の善根はすべて消滅し（中略）王自身もまもなく重病を身に受け、死後は大地獄に生まれるであろう。王だけでなく、夫人・太子・大臣・城主・師匠・郡主・役人もみな同じ運命を辿ることだろう。」

『仁王経』には次のように説かれている。「人がもし仏法を破るようなことがあれば、孝行な子にめぐまれることなく、親族は不和になるだろう。天の神もその人を助けようとはせず、疫病神や悪鬼が毎日のようにやってきては悪さをするため、怪異現象が頻繁に起こり、災いが続き、死後は地獄・餓鬼・畜生の三悪道に堕ちるだろう。たまたま三悪道を出て人間に生まれることがあっても、いくさの奴隷の身となり、苦痛と恐怖を味わうだろう。この世界で受ける悪の報いはあたかも響きや影のように、決してこの身から離れていくことはない。それはまた人が夜書き物をしたとき、灯火を消しても文字は残っているように、いつまでも消え去ることはないのである。」

『法華経』の第二巻には次のように説かれている。「もし人が信ずることなくして、この経を謗ったならば（中略）その人は寿命が尽きて阿鼻地獄に堕ちるだろう。」第七巻の「不軽品」は次のようにいう。「千劫もの長い期間、阿鼻地獄ではなはだしい苦悩を受ける。」

また『涅槃経』には次のように説かれている。「良き友を遠ざけ、正法に耳を閉ざし、悪法に執着すれば、それが原因となって阿鼻地獄に沈み、縦横八万四千由旬《ゆじゅん》という巨大な身体を受けるであろう。」

広くさまざまな経典を繙《ひもと》いてみるに、どれももっぱら謗法の罪を重視している。にもかかわらず、なんとも悲しいことに、人はみな正法の門をでて、奥深き邪法の牢獄に捕われている。また愚かにも、悪い教えの綱に引かれ、長く謗法の網に捉えられている。こうした深い迷いのせいで、無間地獄の炎の底に沈んでいる。これをみてだれが心を痛めないでいられようか。苦悩せずにいられようか。

客よ、あなたは早く信仰の一念を改めて、ただちにまことの大乗の教えである『法華経』に帰依しなさい。そうすればこの三界はみな仏の国となるであろう。仏の国がどうして衰えることがあろうか。十方の地はみな宝土である。宝土が破壊されることなどあろうか。この世から衰微が消え去り、国土が破壊から解放されるならば、身は安全となり、心は安らかとなるであろう。この言葉を、ぜひとも信じて受け入れるべきである。」

【語釈】

○**伏羲・神農**　中国の伝説上の帝王。黄帝《こうてい》を加えて三皇という。

○**尭・舜**　中国の伝説上の皇帝。その治世は、儒教では理想の政治が行われた時代とされる。

○**鳩が変化して鷹となり、雀が蛤に変身する**　中国の故事。ものごとが大きく変化することの譬え。『礼記《らいき》』に説かれる（漢大一九六頁、二五六頁）。

○「**もし国王がいて……運命を辿ることとだろう**」「第二段」の**【語釈】**（八二頁）参照。

○「**人がもし仏法を破る……消えることはないのである**」『仁王般若波羅蜜経』嘱累品の文（正蔵八、八三三頁下）。

○「**もし人が信ずることなくして……阿鼻地獄に堕ちるだろう**」「第四段」の**【語釈】**（一〇六

頁）参照。

○**「千劫もの長い期間……苦悩を受ける」**『妙法蓮華経』常不軽菩薩品の文（正蔵九、五一頁上）。「劫」は古代インドの時間の単位で、その数え方にはいくつかあるが、ほとんど無限ともいってよい長い時間を意味する。

○**「良き友を遠ざけ……身体を受けるであろう」**『大般涅槃経』迦葉菩薩品の文（正蔵一二、五七五頁上）。

○**由旬**　古代インドの長さの単位。一説に約七キロメートル。

○**「三界はみな仏の国と……」**　浄土を彼岸の他方世界に求める法然に対し、現実世界を離れて浄土はありえないとする日蓮の立場を端的に示す言葉。一見中世に流行した本覚思想の発想に似ているが、現実をそのまま仏国土と認めることなく、到達すべき浄土の理想像を高く掲げ、それを目指しての具体的な国土改造の必要性を説くところに、日蓮の独自性があった。

【解説】

ここまでさまざまに反発を重ねてきた客は、ここに至ってついに全面的に主人の意見を容《い》れて法然を謗法者と認め、専修念仏の根絶を誓うのである。

これまで何度か指摘したことだが、客が法然の専修念仏の悪法たる理由として、それが「諸仏・諸経・諸菩薩・諸天をみな「捨」「閉」「閣」「抛」すべきである」と主張する点を挙げていることは注目に値する。客は法然の思想が教理的に誤っていると納得して、それと決別したわけではない。法然こそが伝統仏教の衰退をもたらすものであるという事実を突き付けられることによって、一転して法然を謗法者と捉えるようになったのである。

もう一つ指摘しておきたいのは、客が謗法根絶後に到来する理想の世の具体的なありさまとして、中国の聖代である伏羲・神農や、尭・舜の治世を挙げていることである。これらはいずれも儒教において理想の君主とみなされている人物たちである。仏教の力で達成すべき理想社会を中国の聖代になぞらえることは、唱導の名手、澄憲《ちょうけん》の作品を集めた『澄憲作文集』や、貞応三年（一二二四）の『延暦寺大衆解』などにもその例を見出すことができる。比叡山を中心とする中世仏教界で、一定の広がりをもった考え方であったと推定される。

日蓮はそうした思想を継承しつつも、聖代を現実の世と重ね合わせることによって既存の支配を全面的に肯定した澄憲らとは異なり、それを政治権力批判の武器として用いていった。すなわち、理想の聖代とそれとかけ離れた現実とを対比することで、民衆を塗炭《とたん》に陥れている為政者の責任を厳しく糾弾するのである。

かくして、主人の意見に全面的に承服するに至った客に対し、主人は、もしこのまま手をこまねいて悪法の流布を見過ごしたならば、さらに激しい災難が降りかかってくるであろうことを経文を引用して警告する。ここで挙げられる難は、いずれも兵乱に関わるものであるが、『薬師経』に説かれる「他国侵逼」（外国の侵略）・「自界叛逆」（内乱）の二難は有名である。とりわけ「他国侵逼の難」はこの後に起こる蒙古襲来を予言したものとされ、「予言者」としての日蓮の名を高からしめていくことになる。

第十段

【読み下し】

客の曰く、今生後生《こんじょうごしょう》誰《たれ》か慎《つつし》まざらん、誰か恐れざらん。此の経文を披《ひら》きて具《つぶさ》に仏語《ぶつご》を承《うけたまわ》るに、誹謗《ひぼう》の科《とが》至りて重く、毀法《きほう》の罪誡《まこと》に深し。我一仏《われいちぶつ》を信じて諸仏を抛《なげう》ち、三部経を仰ぎて諸経を閣《さしお》きしは、是れ私曲《しきょく》の思いに非ず、則ち先達《せんだつ》の詞《ことば》に随《したが》いしなり。十方《じっぽう》の諸人も亦復《また》是《かく》の如くなるべし。今世《こんぜ》には性心《しょうしん》を労《わずらわ》し、来生《らいしょう》には阿鼻《あび》に堕《だ》せんこと、文《もん》明らかに理詳《つまび》らかなり。疑うべからず。弥《いよいよ》貴公《きこう》の慈誨《じかい》を仰ぎ、益《ますます》愚客《ぐきゃく》の癡心《ちしん》を開き、速かに対治《たいじ》を廻《めぐ》らして早く泰平《たいへい》を致《いた》し、先《ま》ず生前《しょうぜん》を安《やす》んじ更に没後《もつご》を扶《たす》けん。唯我《ただわれ》信ずるのみに非ず、又他《た》の誤《あやま》りを誡《いまし》めんのみ。

【現代語訳】

客がいった。

「今生の安穏と後生の成仏は、だれしもがそのために身を慎み、だれしもが心を砕くことである。経文を開き詳細に仏の言葉を承るに、法然上人の正法誹謗の過失はまことに重く、仏法を破る罪はまことに深い。私がこれまで阿弥陀一仏を信じて諸仏を棄て去り、浄土三部経を仰いで他の経典をないがしろにしてきたのは、自分自身の誤った判断というよりは、法然上人の言葉にしたがったものである。いま念仏を信じる天下の人々もまた、きっと私と同じであるに違いない。

このままでは、今世にはいたずらに心を悩ませ、来世に阿鼻地獄に堕ちることは経文に照らして明らかであり、その道理も明白である。もはや疑問の余地はない。

今後はあなたの慈愛のこもった教えを仰ぎ、私の愚かな心を開いて、速やかに対策を講じて天下の太平を実現し、それによって今世の安楽な生活を成就しよう。その上で、後生の成仏を目指すことにしよう。私一人が信ずるだけでなく、他人の誤りを目にしたときにはそれを戒めることにしたい。」

【解説】

本段は『立正安国論』の結びにあたる部分である。客は主人の意見に完全に同意して、改心を誓い、さらに他の念仏者の誤りを正すことをも宣言している。

この段で興味を惹かれるのは、客がそれまでの自身の立場を、「阿弥陀一仏を信じて諸仏を棄て去り、浄土三部経を仰いで他の経典をないがしろにしてきた」と述べていることである。しかし、客が他の教行を否定して念仏だけを実践するようなタイプの念仏者ではなく、念仏をも含めた仏教界全体の繁栄を理想としてきたことは、すでにみてきた通りである。

こうした立場が、そのまま客のモデルとなった北条時頼の立場であることはいうまでもない。またそれは、時頼の治世のもとで他の諸宗との和解と共存を達成していた、鎌倉の念仏者の立場にも通ずるものであった。それゆえ、この言葉を鵜呑みにしてそのまま客の真意とみなし、客を『選択本願念仏集』に忠実な専修念仏者と捉えると、『立正安国論』の主・客の対立の基本構図を見誤ることになりかねないので十分に注意を払う必要がある。

原　文

旅客来嘆曰、自近年至近日、天変・地夭・飢饉・疫癘、遍満天下広迸地上。牛馬斃巷骸骨充路。招死之輩既超大半、不悲之族敢無一人。然間、或専利剣即是之文唱西土教主之名、或恃衆病悉除之願誦東方如来之経、或仰病即消滅不老不死之詞崇法華真実之妙文、或信七難即滅七福即生之句調百座百講之儀、有因秘密真言之教灑五瓶之水、有全坐禅入定之儀澄空観之月、若書七鬼神之号而押千門、若図五大力之形而懸万戸、若拝天神地祇而企四角四堺之祭祀、若哀万民百姓而行国主国宰之徳政。雖然、唯摧肝胆弥逼飢疫。乞客溢目死人満眼。臥屍為観並尸作橋。観夫、二離合璧五緯連珠。三宝在世百王未窮、此世早衰其法何廃。是依何禍、是由何誤矣。

主人曰、独愁此事憤悱胸臆。客来共嘆、屢致談話。夫出家而入道者依法而期仏也。而今、神術不協仏威無験。具覿当世之体愚発後生之疑。然則仰円覆而呑恨俯方載而深慮。倩傾微管聊披経文、世皆背正人悉帰悪。故善神捨国而相去、聖人辞所而不還。是以魔来鬼来、災起難起。不可不言、不可不恐。

客曰、天下之災、国中之難、余非独嘆、衆皆悲。今、入蘭室初承芳詞、神聖去辞災難並起、出何経哉、聞其証拠矣。

主人曰、其文繁多其証弘博。

金光明経云、於其国土雖有此経未嘗流布、生捨離心不楽聴聞、亦不供養尊重讃歎。見四部衆持経之人、亦復不能尊重乃至供養。遂令我等及余眷属、無量諸天不得聞此甚深妙法、背甘露味失正法流、無有威光及以勢力。増長悪趣損減人天、墜生死河乖涅槃路。世尊、我等四王并諸眷属及薬叉等、見如斯事、捨其国土無擁護心。非但我等捨棄是王、必有無量守護国土諸大善神皆悉捨去。既捨離已、其国当有種種災禍喪失国位。一切人衆皆無善心、唯有繋縛殺害瞋諍、互相讒諂、枉及無辜。疫病流行、彗星数出、両日並現、薄蝕無恒、黒白二虹表不祥相、星流地動、井内発声、暴雨・悪風不依時節、常遭飢饉苗実不成、多有他方怨賊侵掠国内、人民受諸苦悩、土地無有所楽之処已上。

大集経云、仏法実隠没、鬚髪爪皆長、諸法亦忘失。当時、虚空中大声震於地、一切皆遍動猶如水上輪。城壁破落下、屋宇悉圮坼、樹林根・枝・葉・華葉・菓・薬尽。唯除浄居天、欲界一切処七味・三精気、損減無有余、解脱諸善論、当時一切尽。所生華菓味希少亦不美、諸有井泉池一切尽枯涸、土地悉鹹鹵、敵裂成丘澗、諸山皆燋燃天龍不降雨、苗稼皆枯死、生者皆死尽、余草更不生。雨土皆昏闇、日月不現明。四方皆亢旱、数現諸悪瑞。十不善業道、貪・瞋・癡倍増、衆生於父母、観之如獐鹿。衆生及寿命・色力・威楽減、遠離人天楽、皆悉堕悪道。如是不善業悪王・悪比丘、毀壊我正法、損減天人道。諸天善神王悲愍衆生者、棄此濁悪国皆悉向余方已上。

仁王経云、国土乱時、先鬼神乱。鬼神乱故万民乱。賊来劫国、百姓亡喪、臣君太子王子百官共生是非。天地怪異、二十八宿星道日月失時失度、多有賊起。亦云、我今五眼明見三世、一切国王、皆由過去世侍五百仏得為帝王主。是為一切聖人・羅漢、而為来生彼国土中作大利益。若王福尽時、一切聖人皆為捨去。若一切聖人去時七難必起已上。

薬師経云、若刹帝利・灌頂王等災難起時、所謂人衆疾疫難・他国侵逼難・自界叛逆難・星宿変怪難・日月薄蝕難・非時風雨難・過時不雨難已上。

仁王経云、大王、吾今所化百億須弥百億日月。一一須弥有四天下。其南閻浮提有十六大国・五百中国・十千小国。其国土中有七可畏難。一切国王為是難故。云何為難。日月失度、時節反逆、或赤日出、黒日出、二三四五日出、或日蝕無光、或日輪一重二三四五重輪現、為一難也。二十八宿失度、金星・彗星・輪星・鬼星・火星・水星・風星・刁星・南斗・北斗・五鎮大星・一切国主星・三公星・百官星、如是諸星各各変現為二難也。大火焼国、万姓焼尽、或鬼火・龍火・天火・山神火・人火・樹木火・賊火。如是変怪為三難也。大水漂没百姓、時節反逆冬雨夏雪、冬時雷電霹靂、六月雨氷霜雹、雨赤水・黒水・青水、雨土山・石山、雨沙・礫・石、江河逆流、浮山流石。如是変時為四難也。大風吹殺万姓、国土・山河・樹木一時滅没、非時大風・黒風・赤風・青風・天風・地風・火風・水風、如是変為五難也。天地国土亢陽、炎火洞然百草亢旱、五穀不登、土地赫燃万姓滅尽。如是変時為六難也。四方賊来侵国、内外賊起、火賊・水賊・風賊・鬼賊百姓荒乱、刀兵劫起。如是怪時為七難也。

大集経云、若有国王、於無量世修施・戒・恵、見我法滅捨不擁護、如是所種無量善根、悉皆滅失、其国当有三不祥事。一者穀実、二者兵革、三者疫病。一切善神悉捨離之、其王教令人不随従、常為隣国之所侵嬈。暴火横起、多悪風雨、暴水増長吹漂人民、内外親戚其共謀叛。其王不久当遇重病、寿終之後生大地獄中。乃至、如王、夫人・太子・大臣・城主・柱師・郡守・宰官亦復如是已上。

夫四経文朗。万人誰疑。而盲瞽之輩、迷惑之人、妄信邪説不弁正教。故天下世上、於諸仏衆経生捨離之心、無擁護之志。仍善神・聖人捨国去所。是以悪鬼・外道、成災致難矣。

客作色曰、後漢明帝者悟金人之夢得白馬之教、上宮太子者誅守屋之逆成寺塔之構。爾来上自一人下至万民、崇仏像専経巻。然則叡山・南都・園城・東寺、四海・一州・五畿・七道、仏経星羅堂宇雲布。鶖子之族則観鷲頭之月、鶴勒之流亦伝鶏足之風。誰謂褊一代之教廃三宝之跡哉。若有其証委聞其故矣。

主人喩曰、仏閣連甍経蔵並軒、僧者如竹葦侶者似稲麻。崇重年旧尊貴日新。但法師諂曲而迷惑人倫、王臣不覚而無弁邪正。

仁王経云、諸悪比丘、多求名利、於国王・太子・王子前、自説破仏法因縁・破国因縁。其王不別信聴此語、横作法制不依仏戒。是為破仏・破国因縁上已。

涅槃経云、菩薩於悪象等心無恐怖。於悪知識生怖畏心。為悪象殺不至三趣。為悪友殺必至三趣上已。

法華経云、悪世中比丘、邪智心諂曲、未得謂為得、我慢心充満。或有阿練若、納衣在空閑、自謂行真道、軽賤人間者。貪著利養故、与白衣説法、為世所恭敬如六通羅漢。乃至、常在大衆中、欲毀我等故、向国王・大臣・婆羅門・居士及余比丘衆、誹謗説我悪、謂是邪見人説外道論議。濁劫悪世中多有諸恐怖。悪鬼入其身罵詈毀辱我。濁世悪比丘、不知仏方便随宜所説法、悪口而顰蹙、数数見擯出已上。涅槃経云、我涅槃後、無量百歳四道聖人悉復涅槃。正法滅後、於像法中当有比丘。似像持律少読誦経、貪嗜飲食、長養其身、雖著袈裟、猶如猟師細視徐行、如猫伺鼠。常唱是言、我得羅漢。外現賢善、内懐貪嫉。如受唖法婆羅門等。実非沙門現沙門像、邪見熾盛誹謗正法已上。

就文見世誠以然矣。不誡悪侶者豈成善事哉。

客猶憤曰、明王因天地而成化、聖人察理非而治世。世上之僧侶者天下之所帰也。於悪侶者明王不可信。非聖人者賢哲不可仰。今以賢聖之尊重則知龍象之不軽。何吐妄言強成誹謗。以誰人謂悪比丘哉。委細欲聞矣。

主人曰、後鳥羽院御宇有法然、作選択集矣。則破一代之聖教遍迷十方之衆生。其選択云、道綽禅師、立聖道・浄土二門、而捨聖道正帰浄土之文。初聖道門者就之有二。乃至、准之思之、応存密大及以実大。然則今真言・仏心・天台・華厳・三輪・法相・地論・摂論、此等八家之意、正在此也。曇鸞法師往生論註云、謹案龍樹菩薩十住毘婆沙云、菩薩求阿毘跋致有二種道。一者難行道、二者易行道。此中難行道者即是聖道門也。易行道者即是浄土門也。浄土宗学者、先須知此旨。設雖先学聖道門人、若於浄土門有其志者、須棄聖道帰於浄土。又云、善導和尚、立正・雑二行、捨雑行帰正行之文。第一読誦雑行者、除上観経等往生浄土経已外、於大小乗顕蜜諸経、受持・読誦悉名読誦雑行。第三礼拝雑行者、除上礼拝弥陀已外、於一切諸仏・菩薩等及諸世天等礼拝恭敬悉名礼拝雑行。私云、見此文須捨雑修専。豈捨百即百生専修正行、堅執千中無一雑修雑行乎。行者能思量之。又云、貞元入蔵録中、始自大般若経六百巻終于法常住経、顕密大乗経惣六百三十七部二千八百八十三巻也。皆須摂読誦大乗之一句。当知、随他之前暫雖開定散門、随自之後還閉定散門。一開以後永不閉者唯是念仏一門。又云、念仏行者必可具足三心之文、観無量寿経云。同経疏云、問曰若有解行不同邪雑人等防外邪異見之難。或行一分二分群賊等喚廻者、即喩別解・別行・悪見人等。私云、又此中言一切別解・別行・異学・異見等者、是指聖道門已上。又最後結句文云、夫速欲離生死、二種勝法中且閣聖道門、選入浄土門。欲入浄土門、正・雑二行中且抛諸雑行、選応帰正行上已。就之見之、引曇鸞・道綽・善導之謬釈、建聖道・浄土、難行・易行之旨、以法華・真言惣一代之大乗六百三十七部二千八百八十三巻、一切諸仏菩薩及諸世天等、皆摂聖道・難行・雑行等、或捨、或閉、或閣、或抛。以此四字多迷一切、剰以三国之聖僧・十方之仏弟、皆号群賊、併令罵詈。近背所依浄土三部経唯除五逆誹謗正法誓文、遠迷一代五時之肝心法花経第二若人不信毀謗此経乃至其人命終入阿鼻獄誡文者也。於是、代及末代人非聖人。各容冥衢並忘直道。悲哉、不撊瞳矇。痛哉、徒催邪信。故上自国王下至土民、皆謂経者無浄土三部之外経、仏者無弥陀三尊之外仏。仍伝教・義真・慈覚・智証等、或渉万里之波濤而所渡之聖教、或廻一朝之山川而所崇之仏像、若高山之巓建華界以安置、若深谷之底起蓮宮以崇重。釈迦・薬師之並光也施威於現当、虚空・地蔵之成化也被益於生後。故国主寄郡郷以明灯燭、地頭充田園以備供養。而依法然之選択、則忘教主而貴西土之仏駄、抛付属而閣東方之如来、唯専四巻三部之教典空抛一代五時之妙典。是以、非弥陀之堂皆止供仏之志、非念仏之者早忘施僧之懐。故仏堂零落瓦松之煙老、僧房荒廃庭草之露深。雖然、各捨護惜之心並廃建立之思。是以、住持聖僧行而不帰。守護善神去而無来。是偏依法然之選択也。悲哉、数十年之間、百千万之人、被蕩魔縁多迷仏教。好謗忘正。善神不成怒哉。捨円好偏。悪鬼不得便哉。不如、修彼万祈禁此一凶矣。

客殊作色曰、我本師釈迦文、説浄土三部経以来、曇鸞法師捨四論講説一向帰浄土、道綽禅師閣涅槃広業偏弘西方行、善導和尚抛雑行立専修、恵心僧都集諸経之要文宗念仏之一行。貴重弥陀誠以然矣。又往生之人其幾哉。就中、法然聖人、幼少而昇天台山、十七而渉六十巻、並究八宗具得大意。其外、一切経論七遍反覆、章疏伝記莫不究看。智斉日月徳越先師。雖然猶迷出離之趣不弁涅槃之旨。故偏覩悉鑑、深思遠慮、遂抛諸経専修念仏。其上、蒙一夢之霊応弘四裔之親疎。故或号勢至之化身、或仰善導之再誕。然則、十方貴賤低頭、一朝男女運歩。爾来、春秋推移星霜相積。而忝疎釈尊之教、恣譏弥陀之文。何以近年之災課聖代之時、強毀先師更罵聖人。吹毛求疵剪皮出血。自昔至今如此悪言未見、可惶可慎。罪業至重、科条争遁。対座猶以有恐、携杖而則欲帰矣。

主人咲止曰、習辛蓼葉忘臭溷厠。聞善言而思悪言、指謗者而謂聖人、疑正師而擬悪侶。其迷誠深其罪不浅。聞事起、委談其趣。釈尊説法之内、一代五時之間、立先後弁権実。而曇鸞・道綽・善導、既就権忘実依先捨後。未探仏教淵底者。就中、法然、雖酌其流不知其源。所以者何。以大乗経六百三十七部二千八百八十三巻、并一切諸仏・菩薩及諸世天等、置捨閉閣抛之字薄一切衆生之心。是偏展私曲之詞全不見仏経之説。妄語之至悪口之科、言而無比責而有余。人皆信其妄語、悉貴彼選択。故崇浄土之三経而抛衆経、仰極楽之一仏而忘諸仏。誠是諸仏・諸経之怨敵、聖僧・衆人之讐敵也。此邪教広弘八荒周遍十方。抑以近年之災難往代之由、強恐之。聊引先例可悟汝迷。止観第二引史記云、周末有被髪袒身不依礼度者。弘決第二釈此文、引左伝曰、初平王之東遷也、伊川見被髪者而於野祭。識者曰不及百年。其礼先亡。爰知。徴前顕、災後致。又阮籍逸才蓬頭散帯。後公卿子孫皆教之、奴苟相辱者方達自然、撙節兢持者呼為田舎。為司馬氏滅相已上。又、案慈覚大師入唐巡礼記云、唐武宗皇帝会昌元年、勅令章敬寺鏡霜法師、於諸寺伝弥陀念仏教。毎寺三日巡輪不絶。同二年、回鶻国之軍兵等、侵唐堺。同三年、河北之節度使忽起乱。其後、大蕃国更拒命、回鶻国重奪地。凡兵乱同秦項之代、災火起邑里之際。何況、武宗大破仏法多滅寺塔。不能撥乱遂以有事已上取意。以此惟之、法然者後鳥羽院御宇建仁年中之者也。彼院御事既在眼前。然則大唐残例吾朝顕証。汝莫疑、汝莫怪。唯須捨凶帰善、塞源截根矣。

客聊和曰、未究淵底数知其趣。但自華洛至柳営、釈門在枢楗仏家在棟梁。然未進勘状、不及上奏。汝以賤身輙吐莠言。其義有余、其理無謂。

主人曰、予、雖為少量忝学大乗。蒼蠅附驥尾而渡万里、碧蘿懸松頭而延千尋。弟子、生一仏之子事諸経之王。何見仏法之衰微不起心情之哀惜。其上、涅槃経云、若善比丘見壊法者、置不呵嘖駈遣挙処、当知、是人仏法中怨。若能駈遣呵嘖挙処、是我弟子真声聞也。余、雖不為善比丘之身、為遁仏法中怨之責、唯撮大綱粗示一端。其上、去元仁年中、自延暦・興福両寺度度経奏聞、申下勅宣・御教書、法然之選択印板取上大講堂、為報三世仏恩令焼失之、於法然墓所、仰付感神院犬神人令破却。其門弟、隆寛・聖光・成覚・薩生等配流遠国、其後未許御勘気。豈未進勘状云也。

客則和曰、下経謗僧一人難論。然而以大乗経六百三十七部二千八百八十三巻、幷一切諸仏・菩薩及諸世天等、載捨・閉・閣・抛四字。其詞勿論也、其文顕然也。守此瑕瑾成其誹謗。迷而言歟覚語歟。賢愚不弁、是非難定。但災難之起因選択之由、盛増其詞弥談其旨。所詮天下泰平国土安穏、君臣所楽土民所思也。夫国依法而昌、法因人而貴。国亡人滅、仏誰可崇法誰可信哉。先祈国家須立仏法。若消災止難有術欲聞。

主人曰、余是頑愚敢不存賢。唯就経文聊述所存。抑治術之旨内外之間其文幾多。具難可挙。但入仏道数廻愚案、禁謗法之人重正道之侶、国中安穏天下泰平。即涅槃経云、仏言、唯除一人余一切施皆可讃歎。純陀問言、云何名為唯除一人。仏言、如此経中所説破戒。純陀復言、我今未解、唯願説之。仏語純陀言、破戒者謂一闡提。其余在所一切布施皆可讃歎。獲大果報。純陀復問。一闡提者其義云何。仏言、純陀、若有比丘及比丘尼・優婆塞・優婆夷、発麁悪言誹謗正法、造是重業永不改悔、心無懺悔。如是等人名為趣向一闡提道。若犯四重作五逆罪、自知定犯如是重事、而心初無怖畏懺悔、不肯発露。於彼正法永無護惜建立之心、毀呰軽賤言多過咎。如是等亦名趣向一闡提道。唯除如此一闡提輩、施其余者一切讃歎。又云、我念往昔、於閻浮提作大国王。名曰仙予。愛念敬重大乗経典、其心純善無有麁悪嫉恡。善男子、我於爾時心重大乗。聞婆羅門誹謗方等、聞已即時断其命根。善男子、以是因縁従是已来不堕地獄。又云、如来、昔為国王行菩薩道時、断絶爾所婆羅門命。又云、殺有三、謂下中上。下者、蟻子乃至一切畜生。唯除菩薩示現生者。以下殺因縁、堕於地獄・畜生・餓鬼、具受下苦。何以故。是諸畜生有微善根。是故殺者具受罪報。中殺者、従凡夫人至阿那含、是名為中。以是業因、堕於地獄・畜生・餓鬼、具受中苦。上殺者父母乃至阿羅漢・辟支仏・畢定菩薩。堕於阿鼻大地獄中。善男子、若有能殺一闡提者、則不堕此三種殺中。善男子、彼諸婆羅門等一切皆是一闡提也已上。仁王経云、仏、告波斯匿王、是故付属諸国王、不付属比丘・比丘尼。何以故。無王威力已上。涅槃経云、今以無上正法付属諸王・大臣・宰相及四部衆。毀正法者、大臣・四部之衆応当苦治。又云、仏言迦葉、以能護持正法因縁故、得成就是金剛身。善男子、護持正法者、不受五戒不修威儀、応持刀剣・弓箭・鉾槊。又云、若有受持五戒之者、不得名為大乗人也。不受五戒為護正法、乃名大乗。護正法者応当執持刀剣・器仗。雖持刀杖、我説是等名曰持戒。又云、善男子、過去之世於此拘尸那城、有仏出世。号歓喜増益如来。仏涅槃後、正法住世無量億歳。余四十年仏法末、爾時有一持戒比丘。名曰覚徳。爾時多有破戒比丘。聞作是説皆生悪心、執持刀杖逼是法師。是時国王、名曰有徳。聞是事已為護法故、即便往至説法者所、与是破戒諸悪比丘極共戦闘。爾時説法者得免厄害。王、於爾時身被刀剣箭槊之瘡、体無完処如芥子許。爾時覚徳尋讃王言、善哉善哉、王今真是護正法者。当来之世此身当為無量法器。王於是時得聞法已、心大歓喜、尋即命終生阿閦仏国、而為彼仏作第一弟子。其王将従・人民・眷属有戦闘者、有歓喜者、一切不退菩提之心、命終悉生阿閦仏国。覚徳比丘却後、寿終亦得往生阿閦仏国、而為彼仏作声聞衆中第二弟子。若有正法欲尽時、応当如是受持擁護。迦葉、爾時王者則我身是。説法比丘迦葉仏是。迦葉、護正法者得如是等無量果報。以是因縁、我於今日得種種相、以自荘厳成法身不可壊身。仏、告迦葉菩薩、是故護法優婆塞等、応執持刀杖擁護如是。善男子、我涅槃後、濁悪之世、国土荒乱互相抄掠人民飢餓。爾時多有為飢餓故発心出家。如是之人名為禿人。是禿人輩、見護持正法駈逐令出、若殺若害。是故我今聴持戒人、依諸白衣持刀杖者以為伴侶。雖持刀杖、我説是等名曰持戒。雖持刀杖、不応断命。法華経云、若人不信、毀謗此経、即断一切世間仏種。乃至、其人命終、入阿鼻獄已上。夫経文顕然。私詞何加。凡如法華経者、謗大乗経典者勝無量五逆。故堕阿鼻大城、永無出期。如涅槃経者、設許五逆之供不許謗法之施。殺蟻子者必落三悪道。禁謗法者定登不退位。所謂、覚徳者是迦葉仏。有徳者則釈迦文也。法華・涅槃之経教者一代五時之肝心也。其禁実重。誰不帰仰哉。而謗法之族、忘正道之人、剰依法然之選択弥増愚癡之盲瞽。是以、或忍彼遺体而露木画之像、或信其妄説而彫莠言之模、弘之海内翫之墎外。所仰則其家風、所施則其門弟。然間、或切釈迦之手指結弥陀之印相、或改東方如来之雁宇居西土教主之鵝王、或止四百余回之如法経成西方浄土之三部経、或停天台大師講為善導講。如此群類其誠難尽。是非破仏哉、是非破法哉、是非破僧哉。此邪義則依選択也。

嗟呼悲哉、背如来誠諦之禁言。哀矣、随愚侶迷惑之麁語。早思天下之静謐者、須断国中之謗法矣。

客曰、若断謗法之輩、若絶仏禁之違者、如彼経文可行斬罪歟。若然者殺害相加、罪業何為哉。則大集経云、剃頭著袈裟、持戒及毀戒、天人可供養彼。則為供養我。彼是我子。若有撾打彼、則為打我身。若罵辱彼、則為毀辱我。料知。不論善悪、無択是非、於為僧侶可展供養。何打辱其子忝悲哀其父。彼竹杖之害目連尊者也永沈無間之底、提婆達多之殺蓮華比丘尼也久咽阿鼻之焰。先証斯明。後昆最恐。似誡謗法既破禁言。此事難信、如何得意。

主人曰、客、明見経文猶成斯言。心之不及歟、理之不通歟。全非禁仏子、唯偏悪謗法也。夫釈迦之以前仏教者雖斬其罪、能仁之以後経説者則止其施。然則四海万邦一切四衆、不施其悪皆帰此善、何難並起、何災競来矣。

客則避席刷襟曰、仏教斯区旨趣難窮、不審多端理非不明。但法然聖人選択現在也。以諸仏・諸経・諸菩薩・諸天等、載捨閉閣抛。其文顕然也。因茲聖人去国善神捨所、天下飢渇世上疫病。今主人広引経文明示理非。故妄執既翻耳目数朗。所詮国土泰平天下安穏、自一人至万民所好也、所楽也。早止一闡提之施永致衆僧尼之供、収仏海之白浪截法山之緑林、世成羲農之世国為唐虞之国。然後、斟酌法水浅深、崇重仏家之棟梁矣。

主人悦曰、鳩化為鷹雀変為蛤。悦哉、汝交蘭室之友成麻畝之性。誠顧其難専信此言、風和浪静不日豊年耳。但人心者随時而移、物性者依境而改。譬猶水中之月動波、陳前之軍靡剣。汝当座雖信後定永忘。若欲先安国土而祈現当者、速廻情慮悤加対治。所以者何。薬師経七難内、五難忽起二難猶残。所以他国侵逼難・自界叛逆難也。大集経三災内、二災早顕一災未起。所以兵革災也。金光明経内、種種災過一一雖起、他方怨賊侵掠国内、此災未露此難未来。仁王経七難内、六難今盛一難未現。所以四方賊来侵国難也。加之国土乱時先鬼神乱。鬼神乱故万民乱。今就此文具案事情、百鬼早乱万民多亡。先難是明、後災何疑。若所残之難、依悪法之科並起競来者、其時何為哉。帝王者基国家而治天下、人臣者領田園而保世上。而他方賊来而侵逼其国、自界叛逆而掠領其地、豈不驚哉、豈不騒哉。失国滅家何所遁世。汝須思一身之安堵者、先禱四表之静謐者歟。就中、人之在世各恐後生。是以或信邪教、或貴謗法。各雖悪迷是非、而猶哀帰仏法。何同以信心之力、妄宗邪義之詞哉。若執心不翻亦曲意猶存、早辞有為之郷必堕無間之獄。所以者何。大集経云、若有国王於無量世修施・戒・恵、見我法滅捨不擁護、如是所種無量善根悉皆滅失、乃至、其王不久当遇重病、寿終之後生大地獄。如王夫人・太子・大臣・城主・柱師・郡主・宰官亦復如是。仁王経云、人壊仏教、無復孝子、六親不和天神不祐、疾疫・悪鬼日来侵害、災怪首尾、連禍縦横、死入地獄・餓鬼・畜生。若出為人兵奴果報。如響如影、如人夜書火滅字存、三界果報亦復如是。法華経第二云、若人不信、毀謗此経、乃至、其人命終、入阿鼻獄。又同第七巻不軽品云、千劫於阿鼻地獄受大苦悩。涅槃経云、遠離善友不聞正法住悪法者、是因縁故沈没在於阿鼻地獄、所受身形縦横八万四千。広披衆経専重謗法。悲哉、皆出正法之門而深入邪法之獄。愚矣、各懸悪教之綱而鎮纏謗教之網。此曚霧之迷、沈彼盛焔之底。豈不愁哉、豈不苦哉。汝早改信仰之寸心速帰実乗之一善。然則三界皆仏国也。仏国其衰哉。十方悉宝土也。宝土何壊哉。国無衰微土無破壊、身是安全心是禅定。此詞、此言、可信可崇矣。

客曰、今生後生誰不慎、誰不恐。披此経文具承仏語、誹謗之科至重、毀法之罪誠深。

我信一仏抛諸仏、仰三部経而閣諸経、是非私曲之思、則随先達之詞。十方諸人亦復如是。今世者労性心、来生者堕阿鼻、文明理詳。不可疑。弥仰貴公之慈誨、益開愚客之癡心、速廻対治早致泰平、先安生前更扶没後。唯非我信、又誡他誤耳。

引用・参考文献一覧

●テキスト・講座

『昭和定本日蓮聖人遺文』一（立正大学日蓮教学研究所、一九五二年）
日本古典文学大系『親鸞集・日蓮集』（岩波書店、一九六四年）
日本思想大系『日蓮』（岩波書店、一九七〇年）
『講座日蓮』全五巻（田村芳朗・宮崎英修編、春秋社、一九七二・七三年）
『日蓮聖人真蹟集成』二巻（法藏館、一九七六年）
日本の名著『日蓮』（紀野一義編、中公バックス版、中央公論社、一九八三年）
渡辺宝陽・小松邦彰『日本の仏典　日蓮』（筑摩書房、一九八八年）
『平成新修日蓮聖人遺文集』（米田淳雄編、日蓮宗連紹寺不軽庵、一九九四年）
渡辺宝陽監修『傍訳立正安国論』（四季社、二〇〇四年）
『立正安国論』（日蓮宗北海道西部教化センター、二〇〇五年）

●研究文献

家永三郎「日蓮の思想の成立に関する思想史的考察」（『中世仏教思想史研究』法藏館、一九四七年）
池上尊義「日蓮と国家」（『日蓮とその教団』一、一九七六年）
磯貝富士男『中世の農業と気候』（吉川弘文館、二〇〇二年）
今谷　明『室町の王権』（中公新書、一九九〇年）
大谷栄一『近代日本の日蓮主義運動』（法藏館、二〇〇一年）
川添昭二「日蓮の宗教形成に於ける念仏排撃の意義」（『仏教史学研究』四巻三・四号、五巻一号、一

九五五・五六年）
同　『日蓮』（清水書院、一九七一年）
同　『日蓮とその時代』（山喜房仏書林、一九九九年）
同　『日蓮と鎌倉文化』（平楽寺書店、二〇〇二年）
北川前肇　『原文対訳　立正安国論』（大東出版社、一九九九年）
小林一郎　『立正安国論通釈』（慈念会、一九四二年）
小松邦彰　「立正安国論小考」（『日蓮教学の諸問題』平楽寺書店、一九七四年）
佐々木馨　『日蓮と立正安国論』（評論社、一九七九年）
同　『日蓮の思想構造』（吉川弘文館、一九九九年）
佐藤弘夫　「初期日蓮の国家観」（『日本思想史研究』一〇号、一九七八年）
同　「立正安国論考」（『日本史研究』三〇四号、一九八七年）
同　「仏法王法相依論の成立と展開」（『神・仏・王権の中世』法藏館、一九九八年ａ）
同　「日蓮の天皇観」（一九九八年ｂ）
同　「日本を棄て去る神」（『アマテラスの変貌』法藏館、二〇〇〇年）
同　『偽書の精神史』（講談社選書メチエ、二〇〇二年）
同　『日蓮』（ミネルヴァ書房、二〇〇三年）
佐藤祐規　「立正安国論の対告衆をめぐる問題」（『日蓮教学研究所紀要』二四号、一九九七年）
清水龍山　『立正安国論講要』（清明文庫、一九三二年）
鈴木一成　『日蓮聖人遺文の文献学的研究』（山喜房仏書林、一九六五年）
関戸尭海　『立正安国論入門』（山喜房仏書林、一九九五年）
平　雅行　『日本中世の社会と仏教』（塙書房、一九九二年）

高木　豊「文永八年の法難」(『日蓮とその門弟』弘文堂、一九六五年a)
同「鎌倉仏教史上の日蓮と門弟」(一九六五年b)
同『平安時代法華仏教史研究』(平楽寺書店、一九七三年)
同『日蓮――その行動と思想』(評論社、一九七〇年。増補改訂版、太田出版、二〇〇二年)
同『鎌倉仏教史研究』(岩波書店、一九八二年)
同「鎌倉名越の日蓮の周辺」『金沢文庫研究』二七二号、一九八四年)
玉懸博之「日蓮の歴史観――その承久の乱に対する論評をめぐって」(『日本中世思想史研究』ぺりかん社、一九九八年。初出は一九七一年)
田村芳朗『鎌倉新仏教思想の研究』(平楽寺書店、一九六五年)
寺尾英智『日蓮聖人真蹟の形態と伝来』(雄山閣、一九九七年)
戸頃重基「護国思想の展開と変容」(『日蓮の思想と鎌倉仏教』冨山房、一九六五年)
同「日蓮にとって国家および天皇とは何か」(『日蓮教学の思想史的研究』冨山房、一九七六年)
同「折伏における否定の論理の本質」(日本思想大系『日蓮』岩波書店、一九七〇年)
中尾　堯「『立正安国論』(国宝)とその紙背文書『本朝文粋』巻一三の成立と伝来」(『日蓮真蹟遺文と寺院文書』吉川弘文館、二〇〇二年。初出は一九八六年)
同『読み解く「立正安国論」』(臨川書店、二〇〇八年)
中條暁秀『日蓮宗上代教学の研究』(平楽寺書店、一九九六年)

あとがき

『立正安国論』は日蓮の代表的著作というだけでなく、日本仏教を代表する書物のひとつに数えることができる。近現代では、その影響は日蓮宗内を超えて広く社会に及んだ。日本の仏教者が著した書物は膨大な数に上るが、多くの読者を獲得しているという点からいえば、『立正安国論』は『歎異抄』などと並んでその五指に入るのではなかろうか。

日蓮に関わる社会的活動として重要なものに、戦前・戦中の日蓮主義とならんで、戦後に興起する新宗教の運動がある。その半ば以上が法華系＝日蓮系であり、立正佼成会、創価学会などの教団は、信者数一〇〇万を超える大教団へと発展した。

今日、新宗教はしばしば戦後日本が生み出した「鬼子」であるといわれる。しかし、戦後史に占める新宗教の重要な位置を考えれば、それを鬼子として片づけることは適切ではない。むしろ新宗教の運動を正面から見据え、それが果たした歴史的役割をきちんと読み解いていくことが、日本の近現代史の独自の相貌を浮かび上がらせるための有効な視座となるにちがいない。そしてその場合も、鍵となるものは『立正安国論』なのである。

そうした重要な地位を占める著作でありながら、今日『立正安国論』をめぐるアカデミックな議論は概して低調である。毎年多くの関連書籍が出版されるが、その多くは常識的な理解を前提にしたものであり、厳密な学問手続を踏まえ、先行研究を視野に入れて独自の見解を自覚的に追究しようとするものは少ない。本書では「解説」においては現今の通説的・常識的な理解に対して、あえて挑発的な批判を行っているが、これは決して批判のための批判ではなく、これを呼び水にして活発な議論が沸き起こることを期待してのものである。

まもなく『立正安国論』提出から七五〇年の節目を迎える。社会が混迷の度を深め、人類の行方に暗雲が立ちこめているいま、鋭い現状認識と強い危機意識をもとにして執筆されたこの書を読み返すことは、私たちの問題意識を先鋭化させていく上でも意義のあることのように思われる。

本書を執筆するにあたっては、多くの先行研究を参照させていただいた。とりわけテクストの確定と、その読み下し・解釈にあたっては先学の研究から多大な学恩を被った。主要な参考文献は巻末にまとめたが、それらのお仕事に改めて敬意を表するとともに、受けた学恩に感謝申し上げたい。

本書は学術文庫出版部の園部雅一氏にご担当いただいた。私がこの本の構想の具体化に向けて動き出そうとしたちょうどそのとき、園部氏から声をかけていただいたこともあり、氏の全面的なサポートをえて本書は予想外に早いスピードで誕生にまで至った。編集面でお骨折りをいただいた園部氏に深く感謝申し上げたい。

また校閲を担当いただいた講談社校閲第二部のみなさまにも、お礼の言葉を申し述べたい。原稿と突き合わせながら驚嘆すべき丹念さでもって校正をチェックした上、さまざまな問題点をご指摘いただいた。これほどレベルの高い校閲は、ほとんど経験したことがないものである。お蔭様で、本書は原稿の段階と比して、格段に品位を高めることが出来たように思う。

今回も多くの方々と巡り合い、その支えとお力添えをえて一冊の本を世に送り出すことができた。その幸せを、いま校正刷を眺めながらつくづくと噛みしめている。

佐藤弘夫

二〇〇八年五月二日

佐藤弘夫（さとう　ひろお）

1953年生まれ。東北大学大学院文学研究科博士前期課程修了。東北大学大学院文学研究科教授。専門は，日本思想史。著書に，『日蓮』『概説日本思想史』『起請文の精神史』『神国日本』『死者のゆくえ』などがある。

講談社学術文庫

定価はカバーに表示してあります。

日蓮《にちれん》「立正安国論《りつしようあんこくろん》」

全訳注　佐藤弘夫《さとうひろお》

2008年6月10日　第1刷発行
2021年5月25日　第7刷発行

発行者　鈴木章一
発行所　株式会社講談社
東京都文京区音羽2-12-21 〒112-8001
電話　編集（03）5395-3512
販売（03）5395-4415
業務（03）5395-3615

装　幀　蟹江征治
印　刷　株式会社廣済堂
製　本　株式会社国宝社
本文データ制作　講談社デジタル製作

ISBN978-4-06-159880-5

「講談社学術文庫」の刊行に当たって

これは、学術をポケットに入れることをモットーとして生まれた文庫である。学術は少年の心を養い、成年の心を満たす。その学術がポケットにはいる形で、万人のものになることは、生涯教育をうたう現代の理想である。

こうした考え方は、学術を巨大な城のように見る世間の常識に反するかもしれない。また、一部の人たちからは、学術の権威をおとすものと非難されるかもしれない。しかし、それはいずれも学術の新しい在り方を解しないものといわざるをえない。

学術は、まず魔術への挑戦から始まった。やがて、いわゆる常識をつぎつぎに改めていった。学術の権威は、幾百年、幾千年にわたる、苦しい戦いの成果である。こうしてきずきあげられた城が、一見して近づきがたいものにうつるのは、そのためである。しかし、学術の権威を、その形の上だけで判断してはならない。その生成のあとをかえりみれば、その根は常に人々の生活の中にあった。学術が大きな力たりうるのはそのためであって、生活をはなれた学術は、どこにもない。

開かれた社会といわれる現代にとって、これはまったく自明である。生活と学術との間に、もし距離があるとすれば、何をおいてもこれを埋めねばならない。もしこの距離が形の上の迷信からきているとすれば、その迷信をうち破らねばならぬ。

学術文庫は、内外の迷信を打破し、学術のために新しい天地をひらく意図をもって生まれた。文庫という小さい形と、学術という壮大な城とが、完全に両立するためには、なおいくらかの時を必要とするであろう。しかし、学術をポケットにした社会が、人間の生活にとってより豊かな社会であることは、たしかである。そうした社会の実現のために、文庫の世界に新しいジャンルを加えることができれば幸いである。

一九七六年六月

野間省一